Franz Miklosich

Beiträge zur altslowenischen Grammatik

Franz Miklosich

Beiträge zur altslowenischen Grammatik

ISBN/EAN: 9783743494909

Hergestellt in Europa, USA, Kanada, Australien, Japan

Cover: Foto ©Thomas Meinert / pixelio.de

Manufactured and distributed by brebook publishing software (www.brebook.com)

Franz Miklosich

Beiträge zur altslowenischen Grammatik

BEITRÄGE

ZUR

ALTSLOVENISCHEN GRAMMATIK.

VON

D^R. FRANZ MIKLOSICH,

WIRKL. MITGLIEDE DER KAIS. AKADEMIE DER WISSENSCHAFTEN.

WIEN, 1875.

IN COMMISSION BEI KARL GEROLD'S SOHN
BUCHHÄNDLER DER KAIS. AKADEMIE DER WISSENSCHAFTEN.

Die Abhandlung enthält Untersuchungen über einige Punkte der altslovenischen Grammatik.[1] Sie soll einen Beitrag bilden zur Lösung der Frage nach dem eigenthümlichen Charakter jener Varietät des Altslovenischen, die allen anderen zu Grunde liegt und die der Verfasser die pannonische nennt, weil historische und sprachliche Gründe ihn nöthigen, ihre Heimat in Pannonien zu suchen. Gegenstand der Untersuchung ist vor allem das Particip praet. act. I, hinsichtlich dessen versucht wird zu zeigen, dass das pannonische Slovenisch von der überwiegenden Mehrzahl der i-Stämme (Verba IV) ursprünglich nur die Form wie hvalь, im Gegensatze zu hvalivъ, kannte, dass jedoch sehr früh schon neben der ersteren die letztere hervortrat, und dass dieser jene Verba zum Ausgangspunkte dienten, in welchen wie in taji dem i ein j vorhergeht, von welchen Verben nur die Form auf ivъ gebildet werden kann. Das höhere Alter der Form wie hvalь wird dadurch zu beweisen versucht, dass gezeigt wird, dass in den ältesten Quellen die Form hvalь zwar nicht ausschliesslich, jedoch in einer so überwiegenden Mehrzahl von Fällen vorkömmt, dass an ihrer einstigen Alleinherrschaft nicht gezweifelt werden kann, selbstverständlich mit Ausschluss der Stämme wie taji. In den späteren Denkmälern wird hvalь

---

[1] Vergl. LVIII. 133. Über die zusammengesetzte Declination; LXII. 78. Über die Genetivendung go; LXXVII. 5. Über das Imperfect; LXXVIII. 143. Über den Ursprung einiger Casus der pronominalen Declination.

durch hvalivъ immer mehr in den Hintergrund gedrängt, und in den lebenden slavischen Sprachen findet sich von hvalь nicht die geringste Spur mehr. Es wird zugleich dem Grunde des Aussterbens der Form hvalь nachgeforscht, und dieser darin gefunden, dass hvalivъ dadurch, dass darin der Stamm hvali unverändert erhalten ist und von dem Suffix ъ (ъs) mit Leichtigkeit geschieden werden kann, dem nach Klarheit strebenden Verstande mehr zusagte als hvalь, und es ist dem Verfasser nicht unwahrscheinlich, dass dieses Streben des Verstandes das Aussterben auch anderer alter Bildungen bewirkte, zu denen derselbe den Aorist auf s rechnet, denn vêsъ verhält sich zu vedohъ ungefähr wie hvalь zu hvalivъ. Das Streben nach Verständlichkeit, Durchsichtigkeit der grammatischen Formen führte zur Entstehung der sogenannten analytischen Sprachen, langues analytiques qui ont recours aux verbes auxiliaires dans la conjugaison u. s. w., die dann wieder die Neigung haben synthetisch zu werden, wie wenn im Romanischen der Infinitiv und das Hilfsverbum habere zur Bezeichnung des Futurum und des Conditionalis zu einem Worte verschmelzen. Anders als mit dem Partic. praet. act. I verhält es sich mit dem Partic. praes. act. gredę, das in den ältesten altslovenischen Quellen neben gredy auftritt, in den späteren Denkmälern jedoch von diesem vollends verdrängt wird, obgleich es in den lebenden slavischen Sprachen allein herrschend ist, die eine Form wie gredy gar nicht kennen. ę ist eine im Auslaut eintretende Schwächung des ą, das auch zu ъ herabsinken kann, aus dem durch Verstärkung y hervorgeht. gredę und gredy sind vielleicht verschiedenen Dialekten des pannonischen Slovenisch zuzuweisen. Die einfache Bildung des Aorists, welcher der dritte Gegenstand der Untersuchung ist, ist durch jene Aoristform verdrängt worden, in welcher an den Stamm ein eigenes Aoristsuffix tritt: die auf dem Unterschiede der stumpfen und der vollen Personalendungen beruhende Differenz von Aorist und Praesens scheint als zu gering befunden worden zu sein. Dem s-Aorist, so wie dem durch h ohne Bindevocal gebildeten Aorist gereichte der Umstand zum Nachtheil, dass beide Formen den Stamm verändert enthalten, sie mussten den den Stamm in unveränderter Gestalt bietenden Aorist auf h mit Bindevocal weichen, vêsъ und vêhъ dem vedohъ. Eine Eigenthümlichkeit des pannonischen und karantanischen Slovenisch bildet der nur in den ältesten Quellen nachweisbare, zum Ausdruck des Conditionalis dienende Aorist bimъ, dem man gegenwärtig nur im Kroatischen begegnet. Er ist verschieden von dem in ziemlich junger Zeit an die Stelle von bych getretenen poln. bym, das, wie gezeigt wird, aus der Partikel by und dem Praesens des Verbum jes (jesmь) entstanden ist. Auch die Imperative wie bijate, kažate u. s. w. aus bi-j-e-i-te, kaz-i-e-i-te sind schon in der ältesten Zeit durch Formen wie bijte, kažite u. s. w. verdrängt worden. Als Personalendungen der II. und III. Dualis erscheinen in den frühesten Denkmälern ohne Unterschied des Genus regelmässig ta und te, welche, was auch in anderen Fällen eintritt, mit den altindischen Personalendungen des Dualis nicht vermittelt werden können. Von ta für die II. und von te für die III. muss ausgegangen werden, wenn man sich in dem Labyrinthe der Dualendungen nicht verlieren will. Wenn Schleicher, Compendium Seite 701, für beide Personen als Endung te (jünger ta, tê) hinstellt, so ist dies unrichtig. Ausser diesen Verbalformen beschäftigt sich die Abhandlung mit einigen Nominalformen, vor allem mit dem Sing. loc. consonantischer Stämme auf e wie crъkъve, der möglicher Weise ein Gen. ist, wofür die in anderen Fällen nachweisbare Verwandtschaft beider Casus spricht. Die pronominale Declination des Adjectivs tuždь alienus, die manche als fehlerhaft ansehen, obgleich sie in den ältesten Quellen vorkömmt, beruht wahrscheinlich auf der possessiven Bedeutung dieses Wortes.

I. Das Participium praet. act. I.

Das Partic. praet. act. I. wird aus dem Infinitivstamme durch das Suffix ъs gebildet. Dieses tritt an die consonantisch auslautenden Stämme unmittelbar an: plet-ъs, während bei den vocalisch auslautenden zwischen den Auslaut des Stammes und den Anlaut des Suffixes das den Hiatus aufhebende v eingeschoben wird: da-v-ъs. bi-v-ъs. plu-v-ъs. dê-v-ъs. Die durch das Verbalsuffix i aus Nomina abgeleiteten Verba — Verba der vierten Classe — haben regelmässig zwei Formen des Partic. praet. act. I, von denen die eine dem

1*

eben angeführten Gesetze gemäss ist, die andere davon dadurch abweicht, dass das i mit ъ zu einem praejotirten Vocale verschmilzt, daher hvaliъs, hvaljъs, hvaĺь. Wir haben demnach von tvori, hvali, cêni; prêti, kadi; stąpi u. s. w. tvori-v-ъs, hvali-v-ъs, cêni-v-ъs; prêti-v-ъs, kadi-v-ъs; stąpi-v-ъs u. s. w. und tvorjъs, hvaljъs, cênjъs; prêtjъs, kadjъs; stąpjъs u. s w. und daraus tvor'ь, hvaĺь, cên'ь, prêštь, každь; stąpь, stąpĺь u. s. w. Was die zweite Form, die ich die ъs-Form nenne, zum Unterschiede von der vъs-Form, anlangt, so ist es eine ganz mechanische Regel, wenn Vostokovъ, Grammatika 76, lehrt, dass neben ivъ das verkürzte ь vorkömmt, welches dadurch entstehe, dass livъ, nivъ, rivъ, živъ, šivъ, ščivъ, bivъ, vivъ, pivъ, mivъ, divъ, tivъ, zivъ, sivъ in ĺь, nь, rь, žь, šь, ščь, bĺь, vĺь, pĺь, mĺь, ždь, štь, žь, šь verwandelt werde. Wenn Schleicher, Compendium Seite 404, meint, nach vocalisch auslautenden Stämmen laute das Suffix vъs, nach consonantisch auslautenden hingegen ъs, so halte ich dieses für unrichtig, da es unbegreiflich ist, warum nach Vocalen das Suffix ein anderes sein sollte als nach Consonanten, während man leicht einsieht, dass im Slavischen der Hiatus aufgehoben werden muss. Es ist indessen diess ein Punkt, hinsichtlich dessen die Ansichten der Sprachforscher auseinander gehen: Schleichern hat sich Daničić, Istorija 371. 372, angeschlossen.

Das Verhältniss dieser zwei Bildungsweisen des Partic. praet. act. I. zu einander ist Gegenstand dieser Zeilen.

Vor allem ist zu bemerken, dass es keinen Grund gibt anzunehmen, dass die ъs-Form eine Ausnahme bilde oder auf bestimmte Classen der i-Stämme beschränkt sei, dass daher Vostokovъ Unrecht hatte, als er, Izvêstija I. 17, die Richtigkeit der Form hvaĺь bezweifelte, wie Andere die Form učь in Zweifel ziehen: jene lesen wir Evangelium Sabbae 21. Apostolus Šišatovacensis 44, diese Evangelium Zographense, Glagolita Clozianus 707, Evangelium Sabbae 127.

Allerdings gibt es i-Stämme, bei denen die ъs-Form nicht nachgewiesen ist, bei denen selbst die theoretische Aufstellung der ъs-Form unsicher wäre. Es sind dies diejenigen i-Stämme, in denen dem i ein j vorhergeht, das allerdings weder die glagolitische, noch die cyrillische Schrift bezeichnet. Diese

Verba haben nämlich nur die vъs-Form: upoi-vъ sup. 250. 14. ustroi-v-ъ 41. 6. utai-v-ъ 207. 5. Wie die ъs-Form lauten könnte, ist nicht klar. Diese Verba hatten nach meiner Ansicht auch in den ältesten Zeiten keine andere Form.

Für alle übrigen i-Stämme war jedoch die ъs-Form ursprünglich aller Wahrscheinlichkeit nach die allein geltende. Dafür spricht der Umstand, dass dieselbe in den ältesten Quellen entweder allein oder in so überwiegender Anzahl vorkömmt, dass die vъs-Form als Ausnahme angesehen werden muss. Es ist diess ein Fall, in dem die Arithmetik auf sprachwissenschaftlichem Gebiet entscheidend ist, indem mit ihrer Hilfe gezeigt werden kann, dass eine anfänglich in bestimmten Fällen, dann auch ausserhalb der ursprünglichen Grenzen, immer jedoch in beschränkter Anzahl, vorkommende Bildung im Laufe der Zeit die andere Form im Gebrauche nicht etwa bloss zurück-, sondern ganz und gar verdrängt. Denn anfangs selten, ist die vъs-Form in den späteren altslovenischen Quellen allein herrschend. Dass in den heutigen slavischen Sprachen die ъs-Form bis auf die letzte Spur verschwunden ist, kann demnach nicht überraschen. Wohl aber wird es befremden, dass die vъs-Form heutzutage auch auf jenem Gebiete auftritt, das ihr ursprünglich fremd war: man vergl. nsl. odidovši, serb. rekav, čech. odkvetev, pol. wszeduw für asl. ošьdъ, rekъ, otъcvьtъ, vъšьdъ. Vergleichende Grammatik 3, Seite 201. 257. 411. 493.

Hier können zwei Fragen aufgeworfen werden: 1. Wie kam es, dass die ъs-Form durch die vъs-Form so vollkommen verdrängt wurde? 2. War die ъs-Form allen Dialekten des Slovenischen (das vom Slavischen zu unterscheiden ist) eigen, oder nur einem, und welchem?

Die erste Frage glaube ich durch die Bemerkung beantworten zu sollen, dass sich im Laufe der Zeit das Bestreben geltend macht, die grammatischen Formen dadurch verständlich, durchsichtig zu machen, dass das Thema möglichst wenig verändert wird und sich von dem Suffix leicht abtrennen lässt. Den Verstand befriedigt die Form prêstąpivъša mehr als die Form prêstąpьša, so wie ihm nesohъ mehr zusagt als nêsъ, vedohъ mehr als vêsъ, wruss. skladzenyj mehr als skłanyj: asl. *sъklanъ aus *sъkladnъ. Vergleichende Grammatik 2, Seite 489 u. s. w. Angebahnt wurde die Alleinherrschaft der vъs-Form von den i-Stämmen durch jene Stämme, von denen die ъs-Form nicht gebildet werden kann, das ist durch die Stämme auf a, u, ê, durch die auf wurzelhaftes i und durch jene Verba der vierten Classe, welche vor dem i ein j haben. Es ist nicht unmöglich, dass in dem Bestreben, von dem Thema Veränderungen fern- und Thema und Suffix auseinander zu halten, wenigstens ein Theil jener Vocale seine Erklärung findet, welche sich zwischen Thema und Ableitungssuffix einschieben: von w. pьn würde ohne einen solchen Vocal durch das Suffix kъ die Form opękъ entstehen, wofür opьnъkъ gesagt wird, serb. opanak, nicht opek. Das Princip der Erhaltung des Thema dürfte sich wenigstens im Slavischen bei einer grösseren Anzahl von Bildungen bewähren, und es ist möglich, dass die Bildungen mit verändertem Thema und ohne Einschub sich als die älteren erweisen werden, so wie vêsъ älter ist als vedohъ. Mir scheint die Sache einer eingehenderen Untersuchung nicht unwerth.

Schwieriger ist die Beantwortung der zweiten Frage. Wenn wir bedenken, dass die ъs-Form in dem Maasse seltener wird, als wir uns von dem neunten Jahrhundert und von Pannonien entfernen, so dass z. B. die ältesten in Bulgarien entstandenen Denkmäler, soferne sie nicht liturgischen Inhalts, daher pannonischen Ursprungs sind, kein Beispiel der ъs-Form bieten, so werden wir es mindestens wahrscheinlich finden, dass die ъs-Form, dem Bulgarischen unbekannt, ein pannonisch-slovenischer Archaismus ist. Ob das Neuslovenische eine solche Form kannte, ist nicht auszumachen: in den Freisinger Denkmälern findet sich kein Partic. praet. act. I von einem Verbum der vierten Classe. Nach dem oben Bemerkten ist es wahrscheinlich, dass, wenn sich auch das Slovenische in Pannonien Jahrhunderte erhalten hätte, es doch die ъs-Form zu Gunsten der vъs-Form aufgegeben haben würde. In der Annahme, die ъs-Form bilde einen pannonischen Archaismus, werden wir bestärkt durch die Wahrnehmung, dass so manche alterthümliche Eigenheit des Altslovenischen pannonisch ist. Wenn die Frage entsteht, wie es denn komme, dass sich gerade in Pannonien so manche, den anderen slovenischen Dialekten, dem bulgarischen, karantanischen — vom dacischen ist abzusehen — unbekannte Archaismen erhalten haben, so meine ich die Frage dahin beantworten zu sollen, dass nach meinem Dafürhalten diess damit zusammenhängt, dass das pannonische Slovenisch schon lange vor der Mitte des neunten Jahrhunderts durch die Bemühungen der deutschen Missionäre aus Baiern schriftlich fixirt und dadurch manche alterthümliche Erscheinung erhalten wurde, die den anderen Dialekten, namentlich dem schon früh arg zerrütteten Bulgarisch abhanden kamen. Die Sprachen, deren Formen und Wörter nicht durch die Schrift festgehalten werden, leben bekanntlich schneller und verändern sich rasch.

Für die mich hier beschäftigende Frage habe ich folgende Denkmäler benützt: Glagolita Clozianus und Evangelium Zographense, die beiden ältesten Quellen unserer Kenntniss der altslovenischen Sprache. Dieses Resultat ergibt sich aus einer Vergleichung der angeführten Denkmäler mit dem nach dem Jahre 916 geschriebenen Evangelium Assemani und mit dem Fragment von siebzehn Blättern, das, offenbar jünger, eine Lücke des Evangelium Zographense ausfüllt: die Vergleichung zeigt nämlich, dass sich sowohl das Evangelium Assemani, als auch das vorhin bezeichnete Fragment hinsichtlich des Gebrauches der Halbvocale, so wie hinsichtlich der erweichten Consonanten offenbar an das Bulgarische anschliessen. Das vom Bulgarischen Abweichende des Glagolita Clozianus und des Evangelium Zographense kann aber nach der Lage der Dinge nur dem pannonischen Slovenisch zugeschrieben werden. Wenn gegen die Behauptung von dem hohen Alter der genannten Denkmäler die Anwendung der Erweichungszeichen geltend gemacht wird, die eine weit fortgeschrittene Ausbildung der glagolitischen Schrift bezeuge, so würde die Einwendung nur dann von Belang sein, wenn man behauptete, dass jene Denkmäler aus der ersten Zeit nach der Einführung der glagolitischen Schrift stammen oder gar die ersten Proben, slovenisch zu schreiben, darstellen, was zu behaupten Niemand in den Sinn kommen kann. Behauptet wird nur das relativ höhere Alter und, gestützt auf sprachliche Eigenthümlichkeiten, der pannonische Ursprung. Der Codex Supraslensis und das Evangelium Sabbae haben gleich hohen Werth. Beide Denkmäler sind nach meiner Ansicht bald nach Entstehung der cyrillischen Schrift, also noch im zehnten Jahrhundert, von einem pannonischen Slovenen in Bulgarien geschrieben worden. Die lautliche Gestaltung des Textes ist pannonisch; dagegen sind im Codex Suprasliensis die Pannonismen in Wortbildung und Sprachschatz ganz und gar verwischt: kein einfacher Aorist, kein zusammengesetzter auf s oder ohne Bindevocal auf h u. s. w.; ein einziges Mal, 363. 23, sętъ mit der in den Text aufgenommenen Marginalnote reče; nur neunmal jeterъ und nur zwischen den Seiten 340 und 383 u. s. w. Die alterthümlichen grammatischen Formen des Evangelium Sabbae zeigen, wie verschieden die Schreiber zu Werke giugen. Die lautliche Gestaltung des Textes in den hier angeführten vier Denkmälern, mit Ausnahme der siebzehn Blätter im Evangelium Zographense, ist pannonisch. Das Evangelium Nicoliense, so wie der Apostolus Šišatovacensis und der Codex des Hvalъ sind zwar lautlich serbisch und kroatisch; sie haben jedoch die grammatischen Formen, so wie den Wortschatz ihrer pannonisch-glagolitischen Quellen bewahrt und sind dadurch für die Kenntniss des pannonischen Slovenismus von hohem Werthe. Daran reiht sich das Homiliarium Mihanović an, gegenwärtig Eigenthum der südslavischen Akademie. Während, die zuletzt genannten vier Denkmäler zeigen, wie sich ein Serbe und Kroate den pannonich-slovenischen Text lautlich zurechtlegt, haben wir im Patericum Mihanović, das mein Eigenthum ist, eine Probe von der Art und Weise, wie ein Bulgare sich den pannonisch-slovenischen Text mundgerecht macht: an grammatischen Formen, so wie am Wortschatz ist in diesem Denkmal wenig geändert worden. Das Evangelium Ostromiri ist ein Denkmal, das uns zeigt, wie der Russe mit den pannonisch-slovenischen Lauten verfährt: der Diakon Grigorij hat jedoch nicht bloss den Laut geändert, er hat auch, gerade so wie der Schreiber des Codex Suprasliensis, die pannonischen grammatischen Formen durch ihm und seinen Lesern geläufigere ersetzt und dasselbe mit dem Wortschatze versucht nach dem Recepte des Izbornik von 1073: prêmênu sъtvoriti rêči, inako nabъdęšte toždьstvo razumъ jego, allerdings in wenig gelungener Weise, wenn er vêniti vendere durch cêniti aestimare wiedergibt; richtig, indem er das den Russen unbekannte jeterъ durch nêkyj erklärt. Hiebei wird vorausgesetzt, dem Schreiber des Evangelium Ostromiri habe ein pannonisches Original vorgelegen, was allerdings beim Fehlen bulgarischer Eigenheiten wahrscheinlich ist. Die Prager glagolitischen Fragmente endlich zeigen uns ein nach den Lautgesetzen des Čechischen modificirtes pannonisches Slovenisch. Wenn hier vom Zurechtlegen des pannonischen Textes die Rede ist, so wolle diess nicht so aufgefasst werden, als denke ich an absichtliche Veränderung; ich meine vielmehr, dass die Schreiber nicht anders verfahren konnten: in dem pannonischen Slovenisch erblickten sie ihre eigene Sprache, nur in eigenthümlicher Schreibung. Slovênьskъ jazykъ i rusьskyj jedinъ jestь, meinte Nestor.

Eine grosse Anzahl von Denkmälern wird hier als in Pannonien entstanden oder als von pannonischen Slovenen ausgehend angenommen. Man wird vielleicht diese Productivität nicht recht glaublich finden. Die liturgischen Bücher, die Lectionen aus den Evangelien, aus den Actus apostolorum und den Briefen, griechische und, wie ich glaube wahrscheinlich gemacht zu haben, lateinische Homilien, Leben der Heiligen, wozu noch der Psalter mit dem einem Athanasius zugeschriebenen Commentar und die eigentlich liturgischen Bücher und manches andere kömmt, bilden allerdings einen nicht ganz unbeträchtlichen Bücherschatz, und das alles soll von pannonischen Slovenen theils in Pannonien, theils in ihrer neuen Heimat Bulgarien geschrieben worden sein! Alles drängt zur Annahme, dass in der zweiten Hälfte des neunten Jahrhunderts Pannonien, und im ersten Viertel des zehnten Bulgarien der Schauplatz einer ausserordentlich regen literarischen Thätigkeit war. Was damals geschaffen wurde, daran zehren heute noch die slavischen Glieder der orientalischen Kirche. Es ist diess eine Sterilität, die von der griechischen Kirche der späteren Zeit auf die slavische übergegangen ist. Und welche Männer arbeiteten so rüstig an dem kirchlichen fundus instructus der Slaven? Es sind die in der bulgarischen Kirche gefeierten Sedmičislьnici, Ἑπτάριθμοι: Cyrillus (Constantinus), Methodius, Sabbas, Naum, Gorazd, Klemens und Angelarius. Die Begeisterung für einen erhabenen Zweck, eine Begeisterung, die der Kampf mit Deutschen, Römern und Griechen steigerte, liess sie Grosses vollbringen. Dabei sind zwei Umstände nicht zu übersehen, vor allem der geringe Umfang, den die liturgischen Bücher, Oktoihъ, Časoslovъ, Služьbьnikъ, Trêbьnikъ, im neunten und zehnten

Jahrhundert hatten, und die Beschaffenheit der Übersetzung, die desto zahlreichere und gröbere Verstösse darbietet, je älter sie ist. Um die Übersetzung theologischer Werke hat sich, abgesehen von Cyrillus und Methodius, vor allen Klemens bemüht. Dass Naum, der den später zu nennenden Konstantin zu schriftstellerischer Thätigkeit aneiferte, dass der ausdrücklich als geborner Mährer bezeichnete Gorazd schriftstellerisch gewirkt habe, mag wahrscheinlich sein, bewiesen ist es nicht. Was nun den vor allem eifrigen Klemens anlangt, von dem gerühmt wird, dass er πάντα τὰ τῆς ἐκκλησίας καὶ οἷς μνῆμαι θεοῦ καὶ ἁγίων φαιδρύνονται καὶ ψυχαὶ κατανύσσονται, τοῖς Βουλγάροις παρέδωκεν. so war derselbe nach Šafařik's oft wiederholter Behauptung ein Bulgare, eine Behauptung, die in den Quellen keinerlei Stütze findet. Dass er erst nach Methodius' Tode nach Bulgarien kam, daran kann nicht gezweifelt werden; und wer diess zugibt, wird ihn auch für einen Schüler wenigstens von Methodius halten. Für seine Nationalität erscheint der Umstand als maassgebend, dass er Slovênьskyj, nicht Blъgarьskyj episkopъ genannt wird.

Für die Feststellung des Verhältnisses zwischen dem pannonischen und dem bulgarischen Slovenisch in der altslovenischen Literatur ist die Erkenntniss wichtig, dass zu Ende des neunten und zu Anfang des zehnten Jahrhunderts vor allem, wenn nicht allein, jene Männer schriftstellerisch sich thätig erwiesen, welche aus Pannonien in Bulgarien eingewandert waren, Männer, deren Feuereifer sich an der Begeisterung der Brüderapostel entzündet hatte. Nicht minder wichtig ist die Erkenntniss, dass schon im neunten Jahrhundert das pannonische Slovenisch von dem bulgarischen verschieden war und dass das letztere sich bereits in den Bahnen des heutigen Bulgarisch bewegte, dass demnach Denkmäler wie der Codex Suprasliensis nicht von Bulgaren geschrieben sein können.

Ich bin vom Partic. praet. act. I. auf das bestrittene Gebiet der Geschichte gerathen. Der Leser wird den Zusammenhang zwischen beiden Gegenständen merken und die scheinbare Abschweifung nicht übel nehmen.

Auf den nachfolgenden Blättern wird das Verhältniss der beiden Formen zu einander in einigen der wichtigsten Denkmäler dargestellt.

I. Zogr.

Izbavlšemъ sę. ubuždьšc sę. vъzvraštьše sę. obraštь sę. vraštьsę sę. vъzglašь. vъzgnêštьšcmъ. ugoždьši. pogublь. udarьj. divьše sę. razdêlь, razdêlьšc. poklon'ь sę, poklonьšamъ. priključьšju sę. sъkrušьši. krьštь, krьštьša sę, krьštьšu sę, kreštьše sę. kuplь. priložь. prêlomь. omočь, omočij, omočьj. nošьšee. vъogрдžь sę. isplънъ. naplънь. sъpodobьšej sę. poštь sę. zaprêštь. puštь. otъpuštьše. otrês'ša. ostavь, ostavьša, ostavьše. stąplьša. pristąplь, pristąplь, pristąpь, pristąpьšc, pristąplьše. tvorь, zatvorь, sъtvorь, sъtvorьj, sъtvorьšają. učь sę. cêlьše. oštjuštь. avьšę sę, avьša sę nebcn blagoslovivъ. udarivъj. pustivъši. pristąpivъ. rastočivъ. Das jüngere Fragment bietet: zabląždъšęję. oženъ sę. vъzložъ. ostavъ. pristąpъ, pristąpъšę neben pristąpivъ.

II. Cloz.

Razdêlьšc I. 301. vъskrêšъ 646. položь 619. prêlomь 378. vъzljubь II. primyšlъše I. 649. prêmênь 717. plênьšej 358. roždъ sę 889. razdrêšъ 784. ostavlьšc 648. stvorь 570. 705. stvorьšago 306. naučъ 707. očištъšc 542. êvlь 714. 716. 814. Kein ivъ.

III. Assem.

Vъzvraštъšę sę. obraštь sę. priključьšiihъ sę. sovъkupьšę sę. položь. prêlomъ: prïemъ hlêbъ blagoslovi i prêlomъ daêše. Luc. 24. 30. neroždъše. sъtvorьšu, sъtvorьšcj. truždъ sę. učь sę. Ich beschränke mich bei diesem Denkmal auf die Mittheilung obiger ъs-Formen.

IV. Evangelium Sabbae (Savina Kniga).

Blagoslovlь 84. vraštьše sę 11. vъzvraštъše 34. obraštь 17. obraštъ 6. vъzglašъ 35. udarь 87. udarij 88. poklonь 142. prêklonь 124. poklonьše 110. vъkušъ 112. krьštь sę 145. vъzložъ 42. vъzložъše 41. prêlomь 20. sъmyšlьšju 133. nošьšija 121. poštь sę 145. zaprêštъ 63. otъpuštь 21. roždьj sę 137. roždьšee sę 133. otъrêšъša 72. ostavlь 86. ostavlьše 27. 87. ostavьša 11. pristąpь 41.

80. 145. pristąpъ 117. pristąpьše 52. pristąpьši 16. pristąpъši 37. stvorь 26. stvorьšą 24. rastočъ 80. naučъ sę 127. pohvalь 21. oštjuštъ 130. Kein ivъ.

V. Sup.

Približь. vъzbuždь. pobêždь. vъzvraštь. obraštь sę. udarь. razdražь. pviključь sę. vьskrêsь. vъzložь. otъložь. položь. priložь. prêložь. sьlomь. sьlučьše sę. ulovьšiimъ. vъzljubьše. pomolь. pomyšlь. roždъ. prosvêštъšumu. oskvrьnьšą sę. protivъšęję sę. proslavьšaago. naslaždьše sę. poslužъšii. proslъzъšůumu sę. ostavьše 10. 8; 60. 2. postavьši. sъstavьša 252. 15. ustrъmъ sę. pristąpь. pristąplь. prêstąpьšema. nasyštь. osênьšu. zatvorь. sъtvorь. sъhranь. javlь. Daneben upoivъ 250. 14. ustroivъ 41. 6. utaivъ 207. 5. und izbavivъ. blagodarivъ. blagodarьstvivъ. blagoslovivъ. blagoslovestvivъ. oblaznivъše. približivъ. pobêdivъ. vъzbêsivъ sę. vadivъ. otъvalivъše. vьzveselivъ. prêprovodivъ. vъzvrativъ. obrativъ. prêvrativъ. vъzvysivъ. vьzvêstivъ. pogasivъ. zagladivъ. glumivъ sę. vъzgnêtivъ. vъgodivъ. ugotovivъ. vъzgradivъ. pogubivъ. udarivъ. vьzdivivъše sę. prodlъživъ. upodobivъ. podraživъ. zadušivъ sę. ženivъ sę. vъkorenivъ. ukrasivъ. krъstivъ. prêkrъstivъ. okrêpivъ. ukrêpivъ. vъkusivъ. iskusivъ. izlazivъ. obličivъ. vъloživъ. vъzloživъ. naloživъše. otъloživъ. položivъ. podloživъ. priloživъ. prêloživъ. prêdъloživъ. ulovivъ. polučivъ. prêlьstivъ. otъląčivъ. vъzljubivъ. umilosrьdivъ sę. molivъše. pomolivъ. umolivъ. zamudivъ. myslivъše. pomyslivъ. primyslivъ. razmyslivъ. sъmêživъ. sъmêsivъ. obъnaživъ. nosivъ. razorivъ. vъpečalivъ. isplъnivъše. ispravivъ. upravivъ. vъpravьdivъ. upraznivъ. isprosivъ. prostivъ. vъsprêtivъ. pustivъ. otъpustivъ. sъpustivъ. obrazivъše. vъobrazivъ. rodivъ. porodivyj. otrešivъ. svobodivъ. osvêtivьšaago. svętivъ. vьselivъ sę. vъskočivъ. otъskočivъ. slavivъ. proslavivъ. vъsladivъše. nasladivъši. proslьzivъ. oslêpivъše. osmradivъšuumu. vъstavivъ. nastavivyj. ostavivъ. postavivъ. prêdъstavivъ. sъstavivъ. ustrabivъ. ustrъmivъ. ostênivъ. ostąpivъše. otъstąpivъ.

pristąpivъ. prêstąpivъ. sъstąpivъ. posramivъ. nasytivъšu. osądivyj. rasądivъ. zatvorivъ. pritvorivъ. rastvorivъše. rostvorivъ. sъtvorivъ. utvorivъ. utvrъdivъ. rastrošivъ. utêšivъ. vъstąživъ. sъstąživъ 80. 25; 448. 14. für sъtąživъ. naučivъ. poučivъ. vъshvativъ. pohvativъ. hodivъ. sъhodivъ. sъhranivъ. pohulivъ. vъshytivъ. ohąpivъ. cêstivъ sę. učinivъ. čudivъ sę. vъsčudivъ sę. uštedrivъ. oštutivъ. javivъ. vъzъjarivъ sę. obętrivъše.

VI. Pat.-mih.

Izvolь 82. 134. umilь sę 62. 78. pomolь sę 143. blagoslovlь 31. pomyšlь 33. 158. okamên[ь] sę 33. poklonь 129. 137. uran[ь] 118. naplьnь 48. sьhranь 103. sьblažnь sę 55. 56. 57. 150. varь 54. 114. izmêrь (izmêrej) 123. zatvorь 4. 37. sьtvorь 25. sьtvorej 87. 117. vъzьvraštь sę 31. obraštь 81. 119. 156. sьmąštь 140. vьręštь sę 105: (vъrąti). nasyštь sę 11. oštuštь 162. zabląždь 50. 111. pobêždь 96. 141. ugoždь 112. 127. zagraždь 33. vъzьnąždь sę 47. roždь 130. neroždь 39. svoboždь 115. osąždь 90. 101. utvrьždь 70. truždь sę 4. 41. hoždь 143. pohoždь 36. 87. prihoždь 125. poęroždь sę 156. krьštь 172. puštь 39. ispuštь 102. uštь sę 48. otъstąplь 57. 83. pristąpь 62. upodoblь sę 85. pogublь 103. 143. 150. oskrъblь 67. osklabь sę 152. oskrъblь 27. ugotovlь 39. divlь sę 92. 149. 153. obnovlь 166. protivь (protivše sę) 41. ostavlь 37. 76. 81. 147. 156. postavlь 89. 137. javlь 77. 151. 163. javlej 94. posramlь 62. povêšь 176. ugašь 107. iskušь 166. isprošь 109. proslьžь sę 8. proslьže sę 77: (-slьžь). proslьzьši sę 116. uvračь 69. vьskočь 77. približь sę 135. vъzložь 133. obložь 89. položь 49. sьvrьšь 97. grêšь 146. sьgrêšь 6. 15. 55. 64. razdrêšь 144. utuždь sę 90. neben ustroivь 138. und obrativь 178. druživь 96. gobьzivь 172. ugodivь 150. pogubivь 107. prêklonivь 171. položivь 128 bis. mudivь 31. obnaživь 153. stąživь si 152. počjudivь sę 175.

VII. Nic.

Izbavlьšimь. zabluždьše. ubuždьše se. vъzvraštь se. obraštь se. vrêždь. priglašь. vьzgnyštьšimь. udarej.

razdêlь se. ukorь. sькrušьši. krьštьše. okušь. vьzložь.
položь. prêlomlь. omočej. umysalьšu aus umyšlьšu. poštь
se. rožde(j) se, roždьšu se. neroždьše. otьrêšьša. ostavlь,
ostavlьša. pristuplь, pristuplьše, pristuplьši. zatvorь.
stvorь, stvorej, stvorьša, stvorьše. truždь se. hoždьšu.
êvlьši. Daneben razdêlivь 22.

VIII. Šiš.

Izbavlь. zabluždь. blagovolь. blagovêštь. pobêždь.
ubêždь. izvolь. prigvoždь. vьzьgnêštь. sьgramaždь.
ogrožь 201. sьgrêšь. nizvêsь. obêsь 24. sьvêsь 19. obra-
štь. vьzvraštь se. upodoblь. poklonь. prêklonь. pokorь.
ključь. priključь se. ukrêpь (ukrêpьšumu 234). vьs-
krêšej 59. vьkušь. vьzložь. nizložь. otьložь. prêložь.
priložь. prêlomlь. ulučь. otьlučь. vьzljublь. sьmirьše.
pomolь. umolь. umnožь. smotrь 28. pomyšlь. izьmêrь.
isplьnь. poštь se. upražnь. isprosь. protivlь, protivь-
šiimь se. zaprêštь. poraboštь. roždь. neroždь negligens.
poroždь (poroždej 192). razdrêšь. svoboždь. prosvêštь.
sveštь 30. vьskočь. oslablь. služь. poslužь. postavlь.
prêstavlь. ustrablь. otьstąplь. suždь. stvorь. stvorej 10.
utvrьždь. naučь. pohvalь 44. ocêštь. očištь neben vьs-
krêsivь. vьzloživь. vьzljubivь. naplьnivь. razdrušivь.
ostavivь. stuživь si. javivь. Aus den unrichtigen Formen
obêsьše 24. nizьvêsьše 43. sьvêsьše 19. isprosь 33. vьs-
krêsьšimь 113. smotrь für -vêšь, -prošь, -krêšь, -smoštrь
28. schliesse ich, dass diese Form des Partic. dem Serb.
fremd war. Hvalь weicht hinsichtlich dieser Form vom Nic.
und Šiš. nicht ab.

IX. Ostrom.

Približь sę, približьšu sę. ubuždьše sę. zablążъšiihъ,
zablążъsęję. vъzvalь. vraštьše sę. vъzvraštьše sę, vъz-
vraštьšę sę. obrastь sę, obraštьši sę. vrêždь. vъzglašь.
vъzgnêštьšemъ. uguždьši. udarij. poklonь, poklonьše,
poklonьšamъ. priključьšiihь sę. krьštь sę. kuplь. sъvъ-
kuplьša sę. vъkušь. vъzložь, vъzložьše, vъložьšu. prê-
lomlь. prilučьšu sę. vъzljublь. umyšlьšu. nošьšeje. na-
plъnь, napъl'nьše. poštь sę. ispravlьše. isprošь. zaprêštь.

otъpuštь. roždьšeje sę, rožьšu sę. otrêšьša. vъsaždь.
ostavlь, ostavlьša, ostavlьše. pristąplь, pristąplьša,
pristąplьše, pristąplьšemъ, pristąplьši. sъtvorь, sъ-
tvorьša, sъtvorьše, sъtvorьšii, stvorьšii, sъtvorьšu,
sъtvorьšają. truždь sę, truždьše sę. hoždьšu. javlьša sę,
javlьšęję sę. Daneben blagoslovivъ. vъzglasivъ. omo-
čivyj. ostavivъ. rastočivъ. sъtvorivyj, sъtvorivъšę.
učivъ sę. naučivъ sę.

X. Prager glagolitische Fragmente.

Vъkušъ. prosvêcь für prosvêštь. nasycъšago für
nasyštьšago. sъtvorьšago.

II. Das Partic. praes. act. auf ę statt auf y.

Das Partic. praes. act. wird durch das Suffix nt gebildet,
das mit dem vorhergehenden thematischen Vocal o in y über-
geht, wenn jenem Vocal ein harter Consonant vorhergeht, wäh-
rend ont in ę verwandelt wird, wenn vor dem o ein j steht:
daher plety aus pletont, piję aus pijont, pišę aus pišont,
melję aus meljont. Sobald das Wort am Ende einen Zu-
wachs erhält, tritt der dem ont entsprechende nasale Vocal ą
ein; daher Sing. gen. pletąšta, pijąšta, pišąšta, meljąšta.
Hinsichtlich der Partic. wie piję, pišę, melję tritt in den
asl. Quellen keine Verschiedenheit hervor. Anders verhält es
sich mit den Partic. wie plety. Diese sind zwar in allen
Denkmälern nachweisbar, allein neben ihnen findet man zwei
ältere Formen, nämlich pletą und pletę. Aus pletą ist einer-
seits zunächst plotъ und aus diesem durch Verstärkung des
Auslautes plety, anderntheils durch Schwächung des ą zu ę
pletę hervorgegangen.

I. mogjaj ὁ δυνάμενος Matth. 19. 12 - Zogr. b. grędą,
grędaj, grjędaj ὁ ἐρχόμενος Io. 3. 31 - Assem. sąj ὁ ὤν. Assem.
sąj Ochrid. 81. Bon. Pat.-mih. pasąj Bon. grędąj Ochrid.
81. živąj Bon. Psalt.-Dcč. 145. strêgąj Lam. 1. 22. 30.
Aus russ. Quellen: sąj ὁ ὤν Naz. psalt.-int.-sacc. XII. suj
ὁ ὤν Op. 2. 2. 37, und unregelmässig Sing. gen. masc. suja:
otъ suja i otъ bêjago. Aus südslavischen d. i. serbischen
Quellen bringt Vostokovъ, Grammatika 74, bei gredu. pridu.
plovu. rastu. reku. verhuj. iduj. čьtuj.

II. nesę ferens. Marc. 14. 13. Luc. 22. 10. grędej iens
oft. živęj vivens Io. 6. 57. sęj ὁ ὤν. Marc. 13. 16. Io. 1. 18:
6. 46. êdęj edens zweimal Zogr. neben grędy. êdy. grędęj
Cloz I. 39. 42. 46. 55. 57. sęj Sav. 1. 19. živęj 1. 70. čьtęj
Maked.-list. Aus einer bulgarischen Quelle sęj Bon. Aus serbischen Quellen: vrьhej Šiš. 101. mogej Šiš. 191. jadej Šiš.
227. gredej Hval. Nic. 148. idej Nic. mimoidej παράγων
Io. 9. 1 - Nic. êde, êdej Nic. 151. 233 viermal. 256. klьnej se Nic. 52. mogej Nic. 41. pekej se Nic. 9. tlьkej
Nic. 84. neben gredi (gredy) 45. 150. 161. mogi 126. êdy
73. strьgej custodiens Hval. kradej Hval. vsemogej Sabb.-
Vindob. Lam. 1. 150. gredej stets so Hom.-mih. vsemogej ibid.
moge. bude. kove bei Daničić, Istorija 348. Aus russischen
Quellen: sęj ὁ ὤν Naz. grędęj Hippol. žьręj Izv. 661. Sborn.
1073. saj Vostokovъ, Grammatika 87. tekaj currens Sborn.
1073. čьtaj Evang. 1164. vsemogaj aus dem Hexaëm. von
Ioann. Damasc. peka Op. 2. 2. 78. vleka. živa. moga. reka
2. 3. 540. dьma flans Izv. 604. 640. moga Tichonr. 2. 25.
bljuda. žga. ida. sêka in den russischen Chronisten. Vostokovъ, Grammatika 74. Das für ę eintretende a ist russischen
Ursprungs. Vergl. meine Abhandlung: Die Sprache der ältesten
russischen Chronisten, Seite 25.

III. grędy. tlьky Zogr. u. s. w. Den Übergang von
êdą zu êdy bildet êdь Marc. 1. 6 - Zogr. für êdъ. Man
vergl. nasyštij Krmč.-mih. statt nasąštij. sъ ὑπάρχων Luc.
16. 23 - Buc.

Über das Partic. auf ę handelt vergl. Grammatik 3,
Seite 112. 114. 117. 120: ę liegt dem Partic. praes. act. der
lebenden slavischen Sprachen zu Grunde, denen y ganz fremd
ist. Vergl. Grammatik 3, Seite 199. 256. 295: moha für mogę.
343. 410. 493. 534. Wie das Partic. auf y, so ist auch das
Partic. auf ą in den lebenden slavischen Sprachen unnachweisbar: pol. kladǫ und wstanǫ für asl. klady und vъstany
(vergl. Gramm. 3, Seite 493) genügen nicht zum Beweise des
Vorkommens einer solchen Form; der Mangel der Erweichung
des d und n beweist nicht die Unmöglichkeit der Identität
des ǫ mit dem sonst überall eintretenden asl. ę. Sehr befremdend ist nadidą vergl. Gramm. 3, Seite 821. Selbst im Asl.
ist das Dasein der Partic. auf ą nicht unzweifelhaft, da der

Gebrauch des ą in den bulg. Quellen schwankend ist und
serb. gredu auf buchstäblicher Wiedergabe einer bulg. Form
beruhen kann. Die Sache bedarf noch weiterer Untersuchung.
Dem Gesagten gemäss besteht in den ältesten asl. Denkmälern neben dem in späteren Quellen allein gebräuchlichen
grędy die Form grędę. Um grędy neben grędę einigermassen zu begreifen, muss man von grędą (grędąt) ausgehen,
das in grędąšti, grędąštь, grędąšta u. s. w. vorkömmt.
Auslautendes ą hat in manchen Formen die Neigung, sich zu
schwächen, wobei es zu y oder zu ę herabsinkt. Jenes ist
jedoch aus ą nicht unmittelbar hervorgegangen, sondern es ist
ą zuerst in ъ verwandelt und dieses zu y verstärkt worden.
Das Herabsinken des ą zu ъ ist eine nicht seltene Erscheinung,
und was die Verstärkung des ъ zu y anlangt, so tritt dieselbe
nicht nur in ljuby und ähnlichen Formen im Auslaute, sondern auch im Inlaute ein. y ist auf slavischem Boden entstanden und stellt sich in allen Fällen als eine Verstärkung
des ъ dar: es wird irrthümlich auf altindisches ū zurückgeführt.
Dass ę ein schwächerer Laut ist als ą, ergibt sich aus dem
Verhältniss des e zu o, aus dem Verhältniss der Wurzel ręg
zu rągъ, sowie aus dem polnischen mąž, męža; ręka, rąk.
In der Sprache der späteren Denkmäler geht der Auslaut des
Partic. praes. act. ą nur nach j und den ein solches in sich
schliessenden Consonanten in ę über, während in allen anderen
Fällen y eintritt, daher biję, mažę und grędy. Die gleiche
Differenz besteht im Plur. acc. der ъ-Stämme und im Sing.
gen., sowie im Plur. acc. und in dem damit identischen Plur.
nom. der a-Stämme; daher raby und mążę, ryby und mrêžę.
Aus dem Umstande, dass grędy und mažę dem raby und
mążę, sowie dem ryby und mrêžę gegenübersteht, sind wir
zu dem Schlusse berechtigt, dass den letzteren Formen eine
auf ą auslautende Urform zu Grunde liegt: rabą, mążą und
rybą, mrêžą. Wenn man die dem Asl. nächst verwandten
Sprachen, das Nsl. und das Serb. — das Bulgarische hat die
Declination schon sehr früh fast ganz aufgegeben — prüft, so
findet man bei den ъ- und a-Stämmen auch nach den sog.
harten Consonanten das dem asl. ę entsprechende e, denn die
Plur. acc. lauten rabe (robe) und ribe aus rabę, rybę, und
diese aus rabą, rybą. Es versteht sich von selbst, dass ę

2

und ъ (y) von einander unabhängig aus ą entstanden sind.
Dass grędę und grędy im Asl. neben einander vorkommen,
ist befremdend, allein dieses Nebeneinander scheint sich dadurch zu erklären, dass man annimmt, im neunten Jahrhunderte
sei in Pannonien an die Stelle von grędę die Form grędy
getreten, und es sei längere Zeit hindurch in einigen Fällen
das weichende grędę neben grędy gebräuchlich gewesen.
Derselbe Wechsel von y und ę fand im Partic. praes. act. und
bei den ъ- und a-Stämmen im karantanischen Slovenisch des
zehnten Jahrhunderts statt. denn in den Freisinger Denkmälern
lesen wir: imugi (imy) neben vuede (vêdę); die Plur. acc.
von ъ-Stämmen grechi (grêhy), crovvi (krovy), vueki,
vuęki (vêky) neben greche (grêhę) und gresnike (grêšьnikę), sowie te (tę) für asl. ty (eos); den Sing. gen. von
a-Stämmen szlauui (slavy) neben zlodeine (zъlodêinę).
Während im pannonischen Slovenisch die Endung y über die
Endung ę die Oberhand gewann, trat im karantanischen Slovenisch das Umgekehrte ein: die Participien wie imugi (imy)
verschwanden. Aus den in den bei weitem meisten Fällen die
Endung y bietenden pannonischen Denkmälern kam diese Form
in die bulgarisch-, so wie in die serbisch- und russisch-slovenischen Quellen: sie herrscht in den ersteren ausschliesslich,
während in den letzteren, den russischen, in späterer Zeit die
dem Russischen eigene ę-Form, wenn auch anfangs schüchtern
auftritt. Hiebei ist auf einen Unterschied hinzudeuten, dass,
während im Neuslovenischen das auslautende ursprüngliche ą
in den oben angegebenen Fällen durchgängig zu ę geschwächt
wird, im Russischen wohl der Auslaut des Partic. praes. act.
in ę (ja, a) übergeht, die anderen hieher gehörigen Formen
jedoch die Schwächung zu ъ, y darbieten. Daničić, Istorija
348, meint, in Formen wie moge (mogę) habe eine Vermengung der Stämme auf reines a mit Stämmen auf ja stattgefunden, d. i. es habe die Analogie der ja-Stämme auf die
reinen a-Stämme eingewirkt, eine Ansicht, die ich aus dem
Grunde für minder richtig halte, weil dergleichen Vermengungen, einmal begonnen, immer weiter um sich zu greifen
pflegen, während wir doch gesehen haben, dass im Altslovenischen die Endung ę durch die Endung y ganz verdrängt
wurde.

Ein Wechsel von ę und y tritt auch bei den n-Stämmen ein: kamy neben korę und vrěmę: die Differenz scheint darauf zu beruhen, dass in kamy ursprünglich vor n ein anderer Vocal stand als in korę und vrěmę. Die Sache ist mir nicht klar. Man vergleiche über die auf den Wechsel von ę und y beruhenden Formen A. Ludwig: ‚Über einige nasale Formen im Altslovenischen' in den Sitzungsberichten der k. böhmischen Gesellschaft der Wissenschaften 1874, Seite 169—176.

III. Aorist.

Der Aorist wird auf zweifache Art gebildet: A. werden mit dem Infinitivstamm mittelst des Bindevocals e oder o die stumpfen Personalendungen verbunden: einfacher Aorist. B. wird durch Anfügung des von dem Verbum substantivum stammenden s ein Aoriststamm gebildet, mit welchem mittelst des Bindevocals e oder o gleichfalls die stumpfen Personalendungen verbunden werden: zusammengesetzter Aorist. Der zusammengesetzte Aorist kann eine doppelte Form annehmen, je nachdem das s sich erhält oder in h übergeht. Aber auch jene Aoristformen, in denen s in h übergeht, spalten sich in zwei Kategorien, von denen die eine jene Formen umfasst, die zwischen Stamm und Suffix h keinen Bindevocal einschalten, die demnach mit den s-Aoristen bis auf das h für s vollkommen zusammenfallen, während zur zweiten Kategorie jene Aoriste gehören, in denen zwischen Stamm und Suffix h ein Bindevocal eingeschaltet erscheint. Die h-Aoriste mit Bindevocal, schon im Altslovenischen die Regel bildend, sind in den lebenden slavischen Sprachen allein gebräuchlich. Die übrigen drei Aoristbildungen können als die archaistischen bezeichnet werden. Zu den archaistischen Aoristen muss auch bimъ gerechnet werden sammt der auf andere Weise gebildeten III. Plur. bǫ. Von den archaistischen Aoristen soll auf den nachfolgenden Blättern gehandelt werden.

Die Quellen, die dieser Arbeit zu Grunde liegen, sind so geordnet, dass unter I. die pannonischen und zwar vor allen die glagolitischen; unter II. die bulgarischen; unter III. die serbischen; unter IV. die kroatischen (glagolitischen); unter

V. die russischen zusammengestellt erscheinen. Vergl. Altslovenische Formenlehre in Paradigmen, Seite XIII.—XXVIII.

A. Einfacher Aorist.

Der einfache Aorist kann nur von consonantisch auslautenden Stämmen der ersten Classe gebildet werden, ferners von jenen Stämmen der zweiten Classe, die vor ną einen Consonanten haben. Derselbe findet sich in der I. Sing. und in allen drei Personen des Dual. und Plur. Von der II. und III. Sing. wird hier abgesehen, obwohl dieselbe von dem Stamme id nicht anders lauten kann als von dem Stamme idoh aus idos, da aus id-e-t ebenso wie aus id-e-s-t nur ide hervorgehen kann.

I. a. Zogr.

Sing. I. vъnidъ, vьnidъ; izidъ; pridъ. obrêtъ.
Dual. III. idete Matth. 9. 27. Io. 1. 37. izidete Matth. 11. 8. pridete Luc. 2. 44. Plur. I. pridomъ. vъzmogomъ. obrêtomъ. II. izidete. Matth. 11. 8. III. otъvrъgą; privrъgą. užasą sę. idą; vъnidą, vьnidą; izidą; pridą; sъnidą. vъzmogą. obrêtą. prisvędą. prêêdą ἀνήχθησαν Luc. 8. 23. Im jüngeren Theil des Zogr.: idją, otidją, obrêtją, sêdją.

b. Cloz I.

Sing. I. pridъ 282. Plur. I. sêdomъ 350. III. otъvrъgą sę 108. privrъgą sę 778. idą 179. pridą 842. proidą 301. prêidą 840. razidą sę 779. padą 179. sъrêtą 35. potъką sę 776. 779. ištezą 829.

c. Assem.

Sing. I. izidъ; pridъ; sъnidъ, sьnidъ. obrêtъ. Dual. III. po nemъ idete ἠκολούθησαν Matth. 4. 20. obrêtete εὗρον Luc. 2. 46. Plur. I. idomъ; pridomъ. vъzmogomъ. obrêtomъ εὑρήκαμεν Io. 1. 42; 1. 46. III. u[ža]są sę. idą; vъnidą; vъzidą; izidą; obidą; otidą; pridą; sьnidą. vъskysą ἐζυμώθη. vъlêzą. padą. obrêtą. utopą. sъtręsą sę ἐσείσθησαν Matth. 28. 4 - Evangelistar 142.

d. Mariencodex.

Sing. I. obrêtъ Sreznevskij, Drevnie glagoličeskie pamjatniki 106. Plur. III. idą 97. 101. 105. 110. pridą 105. padą 97. 105.

e. Evang. Ochridense.

Plur. III. obrêtą 77.

f. Evangelium Sabbae (Savina Kniga).

Sing. l. vьnidъ 125. izidъ 2. 5. pridъ 5. obrêtъ 15. Plur. III. vъzdvigą 47. idą 12. 118. 148. vьnidą 39. 113. izidą 39. otidą 27. 134. 138. poidą 22. pridą 7. 12. 135. 137. 143. mogą 22. vъzmogą 40. 48. padą 22. pripadą 20. obrêtą 34. 104. 135. istopą 16. potъką sę 12: užahą sę ἐξίσταντο Luc. 2. 47 steht für užasahą sę.
Dem Codex Sup. ist der einfache Aorist fremd.

II. a. Bei Sreznevskij, Drevnie slavjanskie pamjatniki jusovago pisьma. Aus der Einleitung.

Sing. I. vъzdvigъ 24. pribêgъ. otvrъgъ. uvęzь. vъzdvigъ. izidъ. obidъ. pridъ. snidь 59. sьtręsь sę 60. obidъ 61. obrêty (soll für obrêtъ stehen) 100. izydъ; pridь 116. obrêtъ 120. stręsъ sę 133. Plur. I. razvr'gomъ. proidomъ. obrêtomъ. sêdomъ 59. padomъ 100. postigomъ 116. III. sêdą 24. mogątь potuerunt 48. pridą 49. pribêgą; razbêgą sę. vъzvrьgą; otvrъgą sę; isprovrъgą. uvęzą. uglъbą. pogręzą. pogybą. vъzdvigą. idą; vnidą; vъzidą; izydą; obidą; otidą; pridą; prêidą; razydą (sę); snidą; prêvъzydą. vъskrьsą. vъzlêzą. umlъką. mogą; vъzmogą; prêmogą. prênemogą. omrьzą. vъzniką. unьzą. padą; vъpadą; nizъpadą; otъpadą; spadą. obrêtą; izobrêtą. postigą. sьsъhą sę. sêdą 59. otъtręsę (-są). ohrьmą. ištęzą 60. obrêtą. sêdą 73. vъvrъgą. užasą są (sę). idą; vьnidą; pridą; sъnidątъ. vъzmogą 99. napadą; otъpadą; popadą; spadątъ. zatъką. êdą wohl vecti sunt 100 otъvrъzą; otъvrъzątъ sę. pogybą. vъzdvigą. užasę (für užasą) sę. idą; vьnidą; vъzydą; izidą; pridą. padą; otъpadą; spadą. istopą 116. priidą 120. vьnidą; priidą 143. Einiges wird mit Unrecht hieher gerechnet: požrъ, das

die I. Sing. požrъhъ voraussetzt 59; für požrьsę 59 ist wohl
požrь sę zu schreiben oder zu lesen. otvrêsesą 99 ist an
sich unmöglich und kann ausserdem mit der Wurzel vrg nicht
in Verbindung gebracht werden. poviną sę und strьgnę sę 59.
pretъkną sę 116 können keine einfachen Aor. sein. Dunkel
ist mir namêtь und nebregomь, izidemъ 183 aus dem
russ.-slov. Naz.

b. Pat.-mih.

Sing. I. pribêgь 33. 117. pri[bê]gь 140. otьvrьgь 5.
142. povrьgь 90. navykь 71. pogybь 47. vьzьdvigь 30.
idь 87. vnidь 30. vьzydь 27. izïdь 31. 38. 120. otidь 44.
48. pridь 2. 30. 31. 55. 66. 117. sьnidь 52. snidь 171. vъ-
padь 80. obrêtь 57. 61. 87. 172. Dual. I. otidovê mit von
jüngerer Hand darüber geschriebenem ho 135. pridovê 150.
II. prideta 87. III. ideta 39. 129. doideta 130. izydeta
138. prideta 138. 150. 156. idete 4. 129. izydete 138. oti-
dete 118. pridete 83. možeta 151. padeta 133. obrêteta
86. 131. 138. obrêtete 129. sêdete 56. Plur. I. navykomь
69. pogybomь 104. idomь 20. 27. 75. pridomь 39. 58. 74.
proidomь 40. iznemogomь 104. obrêtomь 156. II. obrê-
tete 26. III. vьvrьgą 156. otьvrьgą 7. 120. pogybą 4.
vьzьdvigą 169. užasą sę 38. 75. idą 50. 60. 72. 76. 159.
vьnidą 48. 77. vьzydą 132. izydą 50. mimoidą 117. obydą
122. otidą 54. 59. 60. 71. 120. 121. pridą 9. 25. 41. 42. 49.
50. 54. 58. 61. 62. 71. 74. 87. 117. 122. 123. 125. 129. 176.
mogą 38. 159. vьzьmogą 39. padą 8. 160. ispadą 176.
vьzьrastą 161. obrêtą 25. 29. 46. 50. 56. 125. 138. 159. 162.
163. postigą 82. 154. uspą obdormierunt 176. ishą 124.
sêdą 54. ištezą 122. 123. Falsch: dvigną 80 für dvigą.

c. Bon.

Sing. I. otъvrъzъ. uglъbь ἐνεπάγην. vъzdvigъ. izydъ;
obidъ; pridь. vъzmogъ. obrêtь. sêdъ. ištezъ. Plur. I.
proidomъ. obrêtomъ. III. uglъbą. pogręzą. vъzydą;
izydą; obidą; pridą; proidą; prêidą; razydą sę; sъnidą
sę; prévъzydą. umlъką. mogą; vъzmogą; prêmogą; izne-
mogą. unъzą. padą; vъpadą sę; dopadą; napadą. obrêtą.
sъhą. sêdą. ohrъmą. ištezą. Sreznevskij, Drevnie slavjanskie
pamjatniki jusovago pisьma 133 a. 134 a.

d. Slêpč.

Plur. I. postigomъ. III. (otvrъ)gą sę. užasę (-są) sę. otъpadą.

e. Strum.

Plur. I. otьvrьgomь. vьsêdomь ἀνήχθημεν. III. vьvedą. vьvrьgę. vьzdvigę. vьzidą; izidą; pridą. vьkladą. vьzmogą. spadą. obrêtę für -gą, ta.

f. Plur. III. idą Ev.-trn. Plur. III. obidą. vъskysą Ev.-buc. Vgl. Zap. 2. 2. 99. 100.

III. a. Nic.

Sing. I. vьnidь; vьzidь; izidь; pridь; sьnidь. obrêtь; priobrêtь. Dual. III. ideta; vьnideta; prideta. obrêteta; falsch: obrêšteta εὗρον Luc. 22. 13. Plur. I. idomь; pridomь. vьzmogomь. obrêtomь. II. izidete, izydete. III. uvrьgu (vьvrьgu); izvrьgu; otьvrьgu; privrьgu se. užasu se. prozebu. idu; vьnidu; vьzidu; izidu; obidu ἐκύκλωσαν; otidu; pridu; proidu; prêidu; sьnidu. ukradu. vьlêzu; izlêzu. vьzmogu. padu; napadu. obrětu; srétu. isьhu. istopu. Falsch: obrêštu εὗρον Matth. 22. 10. Luc. 8. 35; ebenso obrêšte für obrête Matth. 26. 40; 26. 43.

b. Šiš.

Sing. I. izьbêgь. idь; vьzidь, pridь; prêidь. obrêtь. Plur. III. vьvrьgu; otьvrьgu. pogybų. vьzdvigu. idu; vьnidu; vьzidu, vьzydu: izidu; naidu; otidu; pridu, priidu; proidu; prêidu; sьnidu, snidu. vьzьmogu. padu; napadu; spadu. postigu. sêdu. istopu. zatьku; prêtьku. jadu ἀνέπλευσαν; pojadu. Falsch: pogybnu, prisvenu und postignu für pogybą, prisvędą und postigą. Vergl. Dobrovský, Institutiones 564.

c. Evang. Šiš.

Sing. I. izidь. Plur. III. užasu se. pojadu ἀνήχθησαν; prêjadu.

d. Hval.

Sing. I. izidь; pridь. obrêtь. Dual. III. ideta Matth. 4. 20, 22. Marc. 11. 4. vьzydeta Act. 3. 1. vьnideta 14. 24. izideta Marc. 14. 16. prideta Act. 4. 23. prédeta Luc. 2. 44.

snideta Act. 13. 4. obrêteta Marc. 14. 16. sêdeta Act. 13. 14. slêzeta Act. 8. 38. Falsch: obrêšteta εὗρον Marc. 11. 4. Plur. I. otьvrьgomь. pridomь; prêidomь. vьzmogomь; iznemogomь. obrêtomь. postigomь. vьsêdomь. prêjadomь Act. 28. 13. II. izidete; pridete. III. vьvrьgu. užasu se. vьnidu; vьzydu. otьpadu. obrêtu.

e. Mladên.

Sing. I. pridь. Dual. III. ištezeta. Plur. III. vьzvrьgu; povrьgu; isprovrьgu. izidu; naidu; obidu; pridu; proidu; prêidu. omrьzu wurden verhasst. prêmogu. padu; otьpadu; spadu. obrêtu; priobrêtu. ištezu. Falsch: pogybnu, isьhnu für pogybu, isьhu.

f. Ant.

Sing. I. obrêtь. Plur. II. pridete. III. sьvrьgu. vьzidu; izidu; pridu. vьzmogu. napadu.

g. Svrl.

Sing. I. vьzidь. Dual. III. ideta. Plur. III. vьvrьgu. idu; obidu; otidu; priidu. vьlêzą.

h. sьnidomь Chrys.-lab. obrêtomь Prol.-vuk. idete. propadu Ev.-scrb. izidь; pridь. obrêtomь. idu; vьnidu; obidju; pridu; sьnidu. vьlêzu. sьrêtu aus einem serb. Evangelium. izbêgь. izidь. idu; pridu; sьnidu. padu Hom.-mih. padu Triod.-mih.

Einheimische Quellen, etwa Dometian, kennen die Form nicht.

IV. Glag.

Sing. I. otvrьzь. idь; pridь. vьznesь. obrêtь. sêdь. sьtresь. Dual. II. pridota. Plur. I. idomь. III. obidu; prêidu; prêvьzidu. iznemogu. vьznesu. padu; dopadu. obrêtu.

V. a. Greg.-naz.

Sing. I. pridъ. istrьgъ. Plur. I. idomъ; priidomъ. obrêtomъ. III. isьhą.

b. Parem. 1271.

Sing. I. pridъ. Plur. III. vъzdvigu. prozębu. mimoidu. padu. obrêtu Vostokovъ, Gramm. 71.

c. idu Hank. 163. vъzidu Sborn. 1076. obidъ Parem.
sacc. XIV. pridъ. navyku. pridu. vъzmogu. sędu für sêdu.
Vergl. Op. 1. 109; 2. 2. 429. vъnidu. nalegu Mater. 46.
Dem Ostrom. sind Formen des einfachen Aor. unbekannt.
Ziemlich zahlreiche Spuren dieses Aoristes bietet das
Ačech.: Sing. I. předjid praeveni. popad cepi. Plur. I. jidom;
pojidom. III. jidú; přijidú. nalezú. padú. vzdvihú. užasú
se. poskytú obtulerunt. vyběhú. utekú. Šafařik, Počátkové
staročeské mluvnice Seite 108. Sebrané spisy III. Seite 589. 604.
Nach Dobrovský, Institutt. 564, sind die einfachen Aoriste
aus den zusammengesetzten contrahirt: in prima persona singulari oh(ъ) reiiciunt, in tertia plurali vero pro oša (ošę) nonnisi u (ą) admittunt. Auch Šafařik, der später, Sebrané spisy
III. Seite 588, das Richtige erkannte, spricht in den Počátkové
staročeské mluvnice (1845) von příkladové smělého skracováni
Seite 108. Derselben Ansicht pflichtete noch 1863 Vostokovъ
bei, indem er meinte, in den südslavischen Dialekten habe eine
zweifache Zusammenziehung des Ausgangs des Aoristes bei
gewissen Verben stattgefunden: I. sei ohъ zu ъ, ohomъ zu
omъ, ošę zu ą zusammengezogen worden: pridohъ zu pridъ;
sêdohomъ zu sêdomъ; idošę zu idą. II. sei an die Stelle
ohъ — hъ oder sь, sъ, an die Stelle von ohomъ — somъ,
an die Stelle von oste — ste und an die Stelle von ošę — šę
oder sę getreten: vъvlêhъ aus vъvlêkohъ, navêsъ aus
navedohъ, sъmęsomъ aus sъmętohomъ, izvêste aus izvedoste und têšę aus tekoše, jasę aus jadošę. Grammatika 70—73. Vostokovъ erblickte in diesen vermeintlich zusammengezogenen Aoristen eine Eigenthümlichkeit des bulgarischen, karantanischen und čechischen Dialektes. Zap. 2. 2. 99
zu vergleichen mit Grammatika 72. Auf demselben Standpunkte
steht der durch die Herausgabe einer Reihe von wichtigen
Denkmälern um die slavische Philologie verdiente Professor
I. I. Sreznevskij: in prijęsomъ, êsę, jęsę steht nach ihm s
statt š; obrêtъ, padą sind ihm verkürzte Aoriste. Drevnie gladoličeskie pamjatniki, Seite 73. 114. 152. Drevnie slavjanskie
pamjatniki jusovago pisьma, Seite 18. 46. 57. 99. 119. 164.

Dass die III. Sing. aor. der Themen I. 5 petъ, I. 6 bitъ
und analog žitъ und I. 7 umrъtъ und umrêtъ lautet, so
wie dass die Themen by, da und jad die Endung t (tъ, tь)

annehmen: **bystъ, dastъ, jastъ**, ist allgemein bekannt, dass aber diess auch bei anderen Verben geschieht, ist nicht nur nicht allgemein bekannt, sondern wird vielleicht auch bezweifelt werden. Die Fälle sind: **pridetь** ἔρχεται Matth. 25. 19 - Hval., im Nic. und sonst **pride**. Dass an ein Praesens historicum nicht zu denken ist, erhellt aus vergl. Grammatik IV. Seite 778. **spasetъ** σέσωκεν Luc. 17. 19 - Sav.-kn. 47. **spasetь** Matth. 9. 22; Marc. 10. 52. Luc. 7. 50 - Nic. s͞psetъ Sreznevskij, Drevnie slavjanskie pamjatniki jusovago pisьma 196. **vъzdrastetъ trъnie i podavi e** συμφυεῖσαι αἱ ἄκανθαι ἀπέπνιξαν αὐτό Luc. 8. 7 - Assem. Assemanov ili vatikanski evangelistar 75. 4, eig. exortae sunt et suffocaverunt. **isъšetь** ἐξηράνθη Io. 15. 6 - Ostrom. Ev.-buc. Hieher gehört auch **umretь**: **ne osta ni edinože otroče, otь nihьže lobьza avva simeonь, eže ne umretь** οὐκ ἔμεινεν οὐδὲ εἷς ἐξ ὧν ἠσπάσατο, ἀλλὰ πάντες ἀπέθανον Pat.-mih. 149. **umretъ** ἀπέθανεν Matth. 9. 24 - Sav.-kn. 17. **umretь** Hval., das sich in der Bildung von den vorhergehenden Formen nicht unterscheidet: **umrohъ, umre** u. s. w.; Nic. hat **umrêtь**. Das t findet sich auch in der III. Plur. aor.: **uvrьgutь** ἔβαλον Luc. 21. 4 - Nic. **izvrьgutь** ἔξω ἔβαλον Matth. 13. 48 - Nic. **pridutь** ἀπῆλθον Luc. 23. 33. ἦλθον Io. 4. 40; 4. 45 - Nic. **vъzmogutь** ἴσχυσαν Marc. 9. 18 - Nic. ἠδυνήθησαν Matth. 17. 16. Luc. 9. 40 - Hval. **sêdutь** ἐκάθισαν Matth. 23. 2 - Nic. **mogątь** Sreznevskij, Drevnie slavjanskie pamjatniki jusovago pisьma 48 a. **snidątъ** 99 a. **spadąt(ъ)** 100 a. **otъvrьząt**ъ **sę** 116 a. **padątъ, pridątъ** 134 a. Anderes, wie **sъdêlatь** εἰργάσατο Assem. 116. 18 und **proslavitь sę** ἐδοξάσθη 122. 1; 124. 28 mag als wenig wahrscheinlich bis auf weiteres auf sich beruhen. Vergl. Jagić, Assemanov ili vatikanski evangelistar LIV. Daničić, Starine 111. 73. Sollten sich die obigen Formen als richtig bewähren, so wäre diess ein neuer Beweis, dass ältere serbische Quellen Uraltes bewahren, das von anderen als maassgebend angesehenen Quellen schon im eilften Jahrhundert über Bord geworfen wurde. Häufiger als im Aor. findet man dieses t im Imperf.: Sing. **muždašetь** Ostrom. **podobašetь** Op. 2. 2. 429. **hulašętь** serb. Ev.-vlk. **bjašetь, glagolašetь, podobašetь, učašetь** russ. Chron. u. s. w. Plur. **sьmatrêhutь** Lam. 1. 25. **bêhutь. iskahutь. molêhutь. vъprašahutь. prêštahutь.**

prêtêhutь. hodêhutь. pohulêhutь. cêlovahutь scrb. Ev.-vlk. imêahutь. moljahutь serb. Ev.-Šiš. vьprašahutь Šiš. moljahuty i učenici Evang. Dečan. saec. XII—XIII. Sreznevskij, Drevnie slavjanskie pamjatniki jusovago pisьma 141. lizahutь. naricahutь serb. Prol.-mih. byvahutь. bêhutь. dajahutь. imêhutь. možahutь. osveštahutь serb. aus russ. Krmč.-mih. otъgonjahutь. mьnjahutь russ. Op. 2. 2. 429. bjahutь, zvahutь. izimahutь russ. Chron. u. s. w. Auslautendes ь geht vor i in i über: hotjaahuti i ἤθελον αὐτὸν (ἐρωτᾶν) Io. 16. 19. Ev.-mstisl. aus dem XII. Jahrh. sъretahuti i Tur.

Bei der schwierigen Erklärung dieser Aorist- und Imperfectformen wird, und wohl mit Recht, auf den Auslaut ъ oder ь ein Gewicht gelegt. Ich meines Theils verzweifle an einer befriedigenden Erklärung und will hier vorzüglich den Thatbestand feststellen. Vor allem muss ich jedoch bemerken, dass man mit Unrecht behauptet, als ob die älteren glagolitischen Quellen ъ und ь nicht von einander schieden. Die Behauptung ist namentlich für den Glagolita Clozianus und für den Codex Zographensis unrichtig: beide scheiden ъ und ь und zwar in manchen Fällen, namentlich in der I. Sing. praes. auf mь, genauer als der Ostromir, jedoch vielfältig in anderer Art, wie ich bei einer anderen Gelegenheit genauer darlegen will, als diess vergl. Grammatik I. Seite 77 geschehen ist; hier will ich nur Folgendes erwähnen: Die III. Sing. und Plur., die im Ostromir und in allen älteren russischen Denkmälern auf ь auslauten, haben in den genannten Quellen consequent ъ im Auslaute. Es handelt sich demnach bei der Erklärung der bezeichneten Aorist- und Imperfectformen um eine Vergleichung der genannten glagolitischen Quellen mit dem Ostromir. Die in Frage kommenden Formen sind: I. das Imperfect; II. der Aorist, und zwar 1. auf et, ut, 2. auf st, 3. auf it, êt, ęt. I. Die Imperfectformen auf et und ut kommen in den bezeichneten glagolitischen Denkmälern nicht vor. Der Ostrom. bietet tь: muždašetь. Das im jüngeren (bulgarischen) Theile des Zogr. vorkommende možaašetъ kann hier nicht als irgendwie entscheidend angeführt werden. II. 1. Dasselbe gilt von den Aoristen auf et: isъšetь Ostrom. 2. Dem bystъ, selten bystь, dastъ, prêdastъ, êstъ, sъnêstъ des Zogr., dem bystъ 213. 255. 279. 376. 585. 639. 941. sъbystъ sę 217. dastъ 204. 484.

vъdastъ 472. prêdastъ 185. 210. prêdaastъ 245. êstъ 282. des Cloz steht gegenüber bystь, das siebzehnmal vorkommt, dastь, êstь des Ostromirschen Evangeliums. 3. Hinsichtlich der Formen auf it, êt, et stimmen beide Reihen von Quellen mit einander vollkommen überein: pitъ. vъspêtъ. umrêtъ. prostrêtъ. jętъ; pojętъ; prijętъ. klętъ; proklętъ. načętъ Zogr. umrêtъ Cloz I. 762. prijętъ 32. 225. 271. 432. 889. 909. 940. načętъ 633. und obitъ; povitъ. žitъ. umrêtъ. prostrêtъ. jętъ; vъzętъ; najętъ; obętъ; pojętъ; prijętъ. klętъ. začętъ; načętъ Ostrom. vъzętъ; prijętъ. umrêtъ Naz. Der Erklärung des tъ aus dem Praes. setzen die glagolitischen Quellen kein Hinderniss in den Weg, da sie ja auch im Praes. consequent tъ haben. Der Ostromir könnte damit nur durch die Annahme in Einklang gebracht werden, dass das Russische oder Bulgarische schon im eilften Jahrhunderte Formen wie obitъ. povitъ. žitъ u. s. w. in der lebendigen Volkssprache nicht kannte, sie daher wie manches andere aus pannonischen Quellen unverändert aufnahm. Dass in diesen Fällen ъ spätere und unrichtige Schreibung für ь sei, kann ich nicht zugeben. Für die Erklärung des ъ aus i im Aorist kann das neben sętъ in der Bedeutung dixit vorkommende sęti angeführt werden: dass sętъ Cloz. Pat.-mih. Sup. 363. 23 und sęti Cloz 1. 281 zweimal. Athan.-Alex.-Grig. als Präsensformen aufgefasst werden, dem steht die syntaktische Bedeutung jener Formen entgegen. Vergl. Grammatik IV. 778 und Altslovenische Formenlehre in Paradigmen 54. 55. Wie aus jestь, jestъ das selbst in den ältesten Quellen nachweisbare je entstand, so ward auch aus bystъ, bystь das gleichfalls uralte by u. s. w. Die Form prijętь wird vorausgesetzt durch das allerdings ein einziges Mal vorkommende prijęti in: čьstije prijęti i ne breže (brêže) ἠτιμάσθη καὶ οὐκ ἐλογίσθη russ. Hippol. 64 aus dem XII. Jahrhundert. Man beachte: ety ἐκράτησε Matth. 9. 25 - Hval. und: vъzdasty se ἀνταποδοθήσεται Luc. 14. 13 - Hval. Beide Formen erhalten ihre Bedeutung durch die in demselben Denkmal vorkommenden Praesensformen: dovlecty ἀρκετόν (ἐστιν) Matth. 6. 34. podobaeti Marc. 13. 7. podobaety δεῖ Luc. 21. 9. možety δύναται Matth. 7. 18. poslužiti διακονῆσαι Marc. 10. 45. vьstaneti Marc. 13. 8. Luc. 21. 10. vьstanety ἐγερθήσεται Matth. 24. 7. posleti ê ἀποστελεῖ

αὐτοὺς Matth. 21. 3. rasuditi κρίνεται 1. Cor. 6. 6. tvority
poieī Marc. 4. 32. ishodity ἐκπορεύεται Io. 15. 26. črьmnueti
πυρράζει Matth. 26. 3. črьmnuety 26. 2. Auch im Plur. findet
man die Personalendung ti: buduti ἔσονται Marc. 13. 8. isy-
pljutiju ἔξω βάλλουσιν αὐτό Luc. 14. 35. veličajuty μεγαλύνουσιν
Matth. 23. 5. otьpuštajuty se ἀφέωνται Luc. 7. 47. Matth.
9. 5. Marc. 2. 5, 9. Luc. 5. 20; 7. 48. očištajuty se
καθαρίζονται Matth. 11. 5. Abgesehen von dem oben ange-
führten prijęti kommt ti nur als Stellvertreter von tь vor i
vor: protešeti i. počьtoti i otьcь Evang.-mstisl. aus dem
XII. Jahrh. Hippol. 164. Vgl. bê že prazdьnikъ pamęti imъ
erat autem festum memoria (ὑπόμνησις) illis Cloz I. 318. azъ
vamъ prêdami i ἐγὼ ὑμῖν παραδώσω αὐτόν 171 neben prêdamь i
216. 229 Aus dem Gesagten ergibt sich, dass ich nun die
vergl. Grammatik III. Seite 87 ausgesprochene Ansicht, die
Entstehung der fraglichen Formen betreffend, aufgebe. Es ist
mir ferner wahrscheinlich, dass die Formen I. II. 1. und 3. im
Singular zu einer Zeit entstanden sind, als das aoristische s
bereits abgefallen war: muždaše. isъše. pi, bin jedoch der
Ansicht, dass die Formen II. 2 älter sind, denn zu jener Zeit,
wo man pi sprach, sprach man auch by, eine zu jener Zeit
entstandene Aoristform auf t würde bytъ, bytь gelautet haben.
Mir scheint, es sei an die Stelle von t in byst (by-s-t) durch
den Einfluss des Praesens tь in bystь getreten. So viel ist
mir klar, dass es nicht angeht zu sagen, die Aoriste bystъ,
dastъ und jastъ oder bystь, dastь und jastь seien rein
nach der Analogie der Praesensformen jestь, dastь und jastь
gebildet, A. Leskien, Beiträge VI. Seite 185, indem ich in dem
vor dem tь stehenden s den Charakter des Aoristes erkenne
und nicht glauben kann, es sei in bystь das s aus dem jestь
eingedrungen, es sei das aus d entstandene s des Praesens in
den Aorist dastь und jastь aufgenommen worden, indem
dastь ἔδωκε aus da-s-tь und ebenso jastь ἔφαγε aus ja-s-tь
hervorgegangen ist, denn die Aoriste lauten in der I. Sing.
da-h-ъ aus da-s-ъ und ja-s-ъ und ja-h-ъ aus ja-d-s-ъ.
Die hier bekämpfte Darstellung würde hinsichtlich des dastь
und jastь durch Identificirung des s des Praesens mit dem s
des Aoristes den ursprünglichen Unterschied zwischen Praesens
und Aorist aufheben.

Wenn die Frage nach der Form der III. Sing. des zusammengesetzten Aoristes auf s entsteht, so scheint mit Rücksicht auf bystъ, dastъ und jastъ darauf mit einiger Sicherheit die Antwort gegeben werden zu können, dieselbe habe ursprünglich auf stъ, stь ausgelautet, wobei man sich auf das allerdings nur einmal vorkommende ubistь ἀνεῖλε Act. 12. 2 - Strum. berufen kann. Wer sich nun gegenwärtig hält, dass stъ, stь im Aor. wie im Praes. abfallen kann: by, da, ja und povê κηρυχθήσεται Luc. 12. 3 - Assem 161 bei Rački wie nsl. povê, der wird geneigt sein, einige andere Formen auf dieselbe Weise zu erklären: sъvê aus sъvêstъ in sьvê sije dvьrьcami κατεχάλασεν αὐτοὺς διὰ τῆς θυρίδος Ies.-nav. 2. 15 - Pent.-mih. von einer I. Sing. sъvêsъ, Wurzel ved. vъni: ne vъni sъ učeniky svoimi οὐ συνεισῆλθε τοῖς μαθηταῖς αὐτοῦ Io. 6. 22 - Assem. steht fehlerhaft für vъnide.

Dass otъvê, otvê ἀπεκρίθη Io. 1. 21; 10. 25. Sav.-kn. 62 Bon. mit der Wurzel vêd zusammenhange, für otъvêstъ stehe und demnach hieher zu ziehen sei, halte ich nicht für richtig, da die Wurzel vêd mit dem Praefix otъ in der Bedeutung respondere unnachweisbar ist und otъvê von dem von vêd unableitbaren otъvêtъ responsum nicht getrennt werden kann. Ich nehme daher eine Wurzel vê an, woher auch noch otъvêšę Io. 8. 48 - Assem. stammt.

B. Zusammengesetzter Aorist.

I. Aorist auf s.

Der zusammengesetzte Aorist auf sъ kann wie der einfache nur aus dem consonantisch auslautenden Stamme gebildet werden. Derselbe findet sich in der I. Sing., III. Dual. und in allen Personen des Plur. Wenn man erwägt, dass rêste hinsichtlich des s mit byste auf éiner Stufe steht, so kann man versucht sein, rêste mit rêhъ und nicht mit einem vorauszusetzenden *rêsъ in Verbindung zu bringen. Bei dieser Zusammenstellung würde man jedoch vergessen, dass byste selbst auf *bysъ, nicht auf byhъ beruht: byhte würde ein anderes Resultat ergeben. Selbstverständlich kann aus rêste auf ein lebendes rêsъ nicht geschlossen werden.

I. a. Zogr.

Sing. 1. privêsъ Marc. 9. 17. Dual. III. vьvêste.
rêste dreimal. rêsta. têste. Plur. I. vъvêsomъ. II. privêste
ἠγάγετε Io. 7. 45. Plur. III. probasę (bod). vêsę fünfmal.
privêsę viermal. jęsę neben jęšę. vъzęsę neben vьzęsę;
pri̦ęsę. vъznêsę zweimal; prinêsę. propęsę. načęsę. čisę.
im Zogr. b. privêsę. ęsę. prijęsę.

b. Cloz I.

Plur. III. vъznêsę 781. procvisę 840.

c. Assem.

Sing. I. sъbljusъ. privêsъ προσήνεγκα. prijęsъ ἔλαβον.
Dual. III. otvrêste (sę oči ima) Matth. 9. 30. Io. 9. 10.
(kako ti sę) otvrêste (oči)? prijęste ἔλαβον Io. 19. 40.
vъznêste (roditelê otročę) Luc. 2. 27. ona rêste Luc.
24. 19; 24. 32. Io. 1. 39; 9. 22. têste ἔδραμον Matth. 28. 8.
Plur. 1. vъvêsomъ introduximus. prijęsomъ. II. vъvêste
introduxistis. pr(iv)êste ἠγάγετε Io. 7. 45. III. sъbljusę. probasę ἐξεκέντησαν. vêsę ἄγουσιν Io. 9. 13. izvêsę eduxerunt.
privêsę προσενέχθη Matth. 18. 84. (grobi) otvrêsę sę. otvrêsę
(sę nebesa). otъvrêsę (sę usta). pogresę sepeliverunt. jęsę
ceperunt. vъzęsę. obęsę συνέκλεισαν Luc. 5. 6. prijęsę. vъznêsę ἦραν Luc. 17. 12. prinêsę ἤνεγκαν Io. 2. 8. raspęsę.
čisę. načęsę. êsę ederunt.

d. Mariencodex.

Plur. III. vêsę. ęsę; vъzęsę; prięsę. propęsę. čisę.
Sreznevskij, Glag. 99. 101. 111. 112. 113.

e. Evang. Ochridense.

Plur. III. prinêsą für prinêsę. raspęsę 77. 87.

II. a. Bei Sreznevskij, Drevnie slavjanskie pamjatniki jusovago pisьma. Aus der Einleitung.

Sing. I. sъmęsę für sъmęsъ sę. klęsę für klęsъ sę
24. otvrêsъ aperui. vъzvêsъ. jęsъ; vъzęsъ; otъjęsь; prijęsъ. vъznêsъ. jasъ 57. 58. 59. êsъ 99. vъzvêsъ 145.
Dual. III. vьzvêste (sę oči moi) ἐμετεωρίσθησαν Psal. 131. 1.
izvêste (oči moi) κατέβησαν Psal. 118. 136. 58. Plur. 1. pri-

jęsomъ. sъbljusomъ. s'męsom(ь) sę 57. 58. êsomъ 99.
Plur. II. privêste 47. vьvêste; vъzvêste; izvêstc 58. izdrêste
59. III. pojasê 56 für pojasę comederunt. vêsę; vъzvêsę;
navêsę. otъvrêsę. jęsę; zajęsę; prijęsę. vъzmęsę; sъ-
męsę, smęsę. vъznêsę; snêsę; prêvъznêsę. otъtręsę.
počisę. jasę; najasę sę; pojasę 57. 58. 59. 60. pojasê 56
für pojasę. vêsą für vêsę; privêsę. vъzęsę; priąsą für
prijęsę. raspęsę 99. prięsъ 119. jasę 142. ąsę für ęsę;
obьąsę für obъjęsę. jasę; pojasę 145.

b. Pat.-mih.

Sing. I. pogrêsь 109. priąsь 63. prinêsь 109. 120.
prięsь. raspęsь 88. načęsь 82. 88 bis. 172. Dual. III. po-
grêsta 162. Plur. I. pogrêsomь 80. priąsomь 75. prię-
somь 113. 172. III. vьvêsę 123 bis. dovêsę 156. otьvrêsę
117. vьzęsę 57. 123. prięsę. sьnęsę (i sь drêva) 176. pri-
nêsę 121. pronêsę. prênêsę 119. propęsę. načęsę 53.
154. 158. jasę 66.

c. Bon.

Sing. I. otvrêsъ. vъznêsъ. načąsъ für načęsъ. Dual. III.
vъvêste. vъznêstê sę. vъzdrêstę (ustnê). Plur. III. na-
vêsę (ved). otvrêsę. obęsę. vьznêsę. ištisę (čьt). jasę
ederunt.

d. Slêpč.

Plur. III. vêsę Act. 7. 8, im Šiš. vьvedoše.

e. Strum.

Sing. I. prêęsъ. Plur. I. jasomь Act. 10. 41. III. vêsę.

f. privêsę, wofür Vostokov, Zap. 2. 2. 100, wegen
rêsę — privêsę setzen möchte. nêsą für nêsę. vъznêsъ.
vêsę. povêsę. privêsę Lam. I. 4. 5. 95.

III. a. Nic.

Sing. I. priesь. Dual. III. otьvrêsta se. razvrêsta se.
Plur. I. vьzesomь.

b. Hval.

Sing. I. priesь. jasь. Dual. III. otьvêsta (se) ἀπέπλευσαν
Act. 14. 26: vcz. Plur. I. vьvêsomь συνηγάγομεν (ved). otь-
vêsomь (se) ἀνήχθημεν Act. 27. 2 (vcz). obьesomь; priesomь.
vьnêsomь. II. uvêste, irrthümlich mit d über ê, wohl für

vьvêste introduxistis συνηγάγετε Matth. 25. 36: Nic. hat navedoste. vьzvêsta: ved. Plur. III. vьzese; poese. vьklase ἐπέθεντο Act. 28. 10: klad. prinêse, falsch: prinese.

c. Ant.

Sing. I. vьzvêsь. vьzesь. Dual. III. vьznêsta. têsta concurrerunt. Plur. II. privêste. III. izvêse. obese.

d. Evang. Vlk.

Sing. I. priesь. Plur. II. privêste. III. vêse.

IV. Glag.

Sing. I. izvêsь. otьesь. êsь comedi. Pl. III. otьvrêse.

V. Greg.-Naz.

Sing. I. navêsъ. načęsъ.

Sreznevskij stellt sich vor, diese Aoriste seien dadurch entstanden, dass s für š eintrat: s vmêsto š vъ prošedšemъ: prijęsomъ. jasę, als ob ein prijęšomъ je existirt hätte. Glag. 73. 114. 152. Jus. 46 a. 57 a. 99 a. 119 a.

II. Aorist auf h ohne Bindevocal.

Der zusammengesetzte Aorist auf h ohne Bindevocal unterscheidet sich von dem auf s nur durch das für s eintretende h. Von den hieher gehörigen Formen haben sich selbst in späteren Denkmälern rêhъ und jahъ erhalten.

I. a. Zogr.

Plur. III. oblêšę Marc. 15. 17. sъvlêšę Marc. 15. 20: vlêk. têšę: prêtêšę Marc. 6. 55: tek. čišę Io. 19. 29: čьt. êšę Io. 6. 58: êd edere.

b. Assem.

Plur. I. rêhomъ. III. izvlêšę extraxerunt; oblêšę; sъvlêšę. sъmęšę sę ἐταράχθησαν Matth. 14. 26. êšę comederunt neben oblêkošę u. s. w. Die I. Sing. lautet rêhъ. têhъ. vlêhъ. sъmęhъ. êhъ von den Stämmen rek. tek. vlêk. męt. êd.

c. Mariencodex.

Sing. I. rêhъ. Plur. III. rêšę 97. 109. 111. Sreznevskij, Drevnie glagoličeskie pamjatniki.

3

II. a. Bei Sreznevskij, Drevnie slavjanskie pamjatniki jusovago pisьma. Einleitung.

Sing. I. têhъ 24. 116. vъvlêhъ. slęh(ъ) sę. rêhъ 60. Plur. I. sъbljuhomъ aus einem Psalt-saec. XII. bei Vostokovъ, Grammatika 71. III. izvlêšę; oblêšę. vъžêšę incenderunt: žeg. nalęšę; slęšę. vъzmęšę sę: męt. rêšę; narêšę. rasêšę: sêk. têšę; istêšę; potêšę 59. rêšą; narêšą 99. bêšą fugerunt.

b. Pat.-mih.

Sing. I. povêhь adduxi. rêhь. pritêhь. Dual. 1. otъrêhovê sę 135. Plur. III. pritêhą 78 für pritêšę.

c. Bon.

Sing. I. rêhъ. têhъ. Plur. III. izvlêšą; oblêšą. vъžašą ἐνεπύρισαν psal. 73. 7: žeg. nalęšą, neben nalękošą, ląkъ; sъlсšą incurvarunt. rêšą; narêšą. rasêšą. têšą.

III. a. Nic.

Plur. III. probaše ἐξεκέντησαν Io. 19. 37. vêše ἄγουσιν Io. 9. 13. vъznêše; prinêše. vъniše εἰσῆλθον Marc. 5. 13 ist vereinzelt und steht wohl für vъnidoše.

b. Šiš.

Sing. I. rêhь; prorêhь. Plur. 1. jahomь. III. narêše. pojaše.

c. Evang. Šiš.

Plur. I. obrêhomь. jahomь. III. prinêše.

d. Hval.

Sing. I. rêhь. têhь. Plur. III. vêše: ved. izvlêše. otъvrêše se ἀνεῴχθησαν Matth. 27. 52. pritêše; prêtêše. počiše ἐτίμησαν Act. 28. 10: čьt.

e. Mladên.

Plur. I. lehomь wohl für legohomъ: statt lehomь erwartet man lêhomь. III. prêrêše.

f. Hom.-mih.

Plur. III. prinêše.

IV. Glag.

Sing. I. sьmehь se conturbatus sum. Plur. III. naleše (nalęšę). vъzmeše (vъzmęšę). poêše comederunt.

V. Greg.-Naz.

Sing. I. vъzvêhъ Op. 1. 117.

Nach Sreznevskij, Jus. 18 a., ist rêhъ verkürzt für rekohъ; nach 164 a. ist ê durch Verengerung (szatie) des Stammes entstanden und rêhъ (rekohъ, rькohъ) enthält in sich mit dem kurzen Vocal einen der Consonanten k, g, t, d, s, z. Diese Bildung des Aoristes hat sich serb. von den Stämmen jêd, nes, rek und vêd erhalten: Sing. I. izih exedi. podnieh, ponih. rieh. vijeh, vih. II. III. izije. ponê, ponije, poni. Plur. I. jismo. ponijesmo. rijesmo, rismo. II. riste. III. jiše. donêše, donijese, odniše. riješe, riše. Daničić, Istorija 320.

III. Aorist bimъ.

Zu den Eigenthümlichkeiten des pannonischen Slovenisch gehört der Aor. des Verbum by: bimъ, bimь, der aus den pannonischen Quellen in die der anderen slavischen Völker zwar aufgenommen ward, jedoch, weil in der einheimischen Sprache nicht wurzelnd und daher unverständlich, sich nicht zu erhalten vermochte. Ursprünglich ein Aorist, dient bimъ im erhaltenen Zustande der Sprache in Verbindung mit dem Partic. praet. act. II. zum Ausdruck des Conditionalis, und zwar scheint in der ältesten Zeit diess die einzige Ausdrucksweise jenes Modus gewesen zu sein. Mit bimъ verbinde ich das zwar auf andere Weise entstandene, aber derselben Function dienende bą, III. Plur. Vergl. IV. Seite 815. Beide Formen haben nur diese Function. Wir begegnen ihnen vor allem häufig in den glagolitischen Denkmälern.

I. a. Zogr.

Sing. I. vъzẹlъ bimъ ἐκομισάμην ἄν Matth. 25. 27. da vъzveselilъ sę bimъ ἵνα εὐφρανθῶ Luc. 15. 29. istęzalъ e bimь ἐγώ ἄν ἔπραξα αὐτό Luc. 19. 23. reklъ bimь vamъ εἶπον ἄν ὑμῖν Io. 14. 2. ašte ne bimь prišьlъ εἰ μὴ ἦλθον Io. 15. 22. ašte dêla ne bimь sъtvorilъ εἰ τὰ ἔργα μὴ ἐποίησα Io. 15. 24. Sing. II. ašte bi razumêlъ εἰ ἔγνως Luc. 19. 42. ašte bi (vêdêla darъ božij), ty bi (prosila) εἰ ᾔδεις, σὺ ἄν ᾔτησας Io. 4. 10. ašte bi bylъ sьde εἰ ἧς ὧδε Io. 11. 32. Sing. III. da bi sъ nimь bylъ ἵνα ᾗ μετ' αὐτοῦ Marc. 5. 18. da bi kъto čjulъ Marc. 7. 24. da i bi pogubilъ ἵνα ἀπολέσῃ αὐτόν Marc. 9. 22. ašte ne bi gospodь prêkratilъ dьnij, ne bi byla sъpasena vsêka plъtь εἰ μὴ κύριος ἐκολόβωσε τὰς ἡμέρας, οὐκ ἂν ἐσώθη πᾶσα σάρξ Marc. 13. 20. dobrêe emu bi bylo, ašte ne bi rodilъ sę καλὸν ἦν αὐτῷ, εἰ οὐκ ἐγεννήθη Marc. 14. 21. da bi ne ošьlъ τοῦ μὴ πορεύεσθαι Luc. 4. 42. ašte bi bylъ prorokъ, vêdêlъ bi ubo εἰ ἦν προφήτης, ἐγίνωσκεν ἄν Luc. 7. 39. kъto ihъ vęštij bi bylъ τίς ἂν εἴη μείζων αὐτῶν Luc. 9. 46. poslušala bi vasъ ὑπήκουσεν ἂν ὑμῖν Luc. 17. 6. da bi sę ihъ kosnąlъ ἵνα αὐτῶν ἅπτηται Luc. 18. 15. ašte bogъ otьcь vašь bi bylъ, ljubili mę biste εἰ ὁ θεὸς πατὴρ ὑμῶν ἦν, ἠγαπᾶτε ἂν ἐμέ Io. 8. 42. radъ bi bylъ, da bi vidêlъ ἠγαλλιάσατο, ἵνα ἴδῃ Io. 8. 56. ašte sь ne bi otъ boga bylъ, ne moglъ bi u. s. w. εἰ μὴ ἦν οὗτος παρὰ θεοῦ, οὐκ ἠδύνατο u. s. w. Io. 9. 33. ne bi moj bratъ umrъlъ οὐκ ἂν ἀπέθανέ μου ὁ ἀδελφός Io. 11. 32. ašte ne bi bylъ (sь zlodêj) εἰ μὴ ἦν οὗτος κακοποιός Io. 18. 30. Plur. I. ašte bimъ byli (vъ dьni otьcь našihъ), ne bimъ (obьštьnici imъ) byli εἰ ἦμεν ἐν ταῖς ἡμέραις τῶν πατέρων ἡμῶν, οὐκ ἂν ἦμεν κοινωνοὶ αὐτῶν Matth. 23. 30. im jüngeren Theile. Neben bimъ findet man bihomъ: ašte ne bi bylъ, ne bihomъ prêdali ego tebê εἰ μὴ ἦν οὗτος (κακοποιός), οὐκ ἄν σοι παρεδώκαμεν αὐτόν Io. 18. 30. Plur. II. ašte biste vêdêli, ne biste osądili εἰ ἐγνώκειτε, οὐκ ἂν κατεδικάσατε Matth. 12. 7. glagolali biste ἐλέγετε ἄν Luc. 17. 6. ašte biste (vêrovali Mosii), vêrą biste jęli (mъnê) εἰ ἐπιστεύετε Μωσῇ, ἐπιστεύσατε ἂν ἐμοί Io. 5. 46. ašte mę biste vêdêli, i otьca moego ubo biste vêdêli εἰ ἐμὲ ᾔδειτε, καὶ τὸν πατέρα μου ᾔδειτε ἄν Io. 8. 19. ašte biste slêpi byli εἰ τυφλοὶ ἦτε Io. 9. 41. ašte biste ljubili (mę), vъzdradovali sę biste εἰ ἠγαπᾶτέ με, ἐχάρητε ἄν Io. 14. 28. Daneben byste: ašte čęda avramlê byste byli εἰ τέκνα τοῦ Ἀβραὰμ ἦτε Io. 8. 39. Plur. III. iskaahą, kako i bą pogubili ὅπως αὐτὸν ἀπολέσωσιν Marc. 3. 6; 11. 18. da i bą oblьstili ἵνα αὐτὸν ἀγρεύσωσιν Marc. 12. 13. da bą i nizrinąli εἰς τὸ κατακρημνίσαι αὐτόν Luc. 4. 29. da bą slyšali slovo božie τοῦ ἀκούειν τὸν λόγον τοῦ θεοῦ Luc. 5. 1. da bą i prêdali εἰς τὸ παραδοῦναι αὐτόν Luc. 20. 20. kako i bą ubili πῶς ἀνέλωσιν αὐτόν Luc. 22. 2. da bą imêli (čьto) na nь (glagolati) ἵνα ἔχωσι κατηγορεῖν αὐτοῦ Io. 8. 6. da i bą ubili ἵνα ἀποκτείνωσιν αὐτόν Io. 11. 53. ašte ne bimь prišьlъ,

grêha ne bą imêli εἰ μὴ ἦλθον, ἁμαρτίαν οὐκ εἶχον Io. 15. 22; 15. 24.
Neben bą wird bišę und byšę gebraucht: da bišę sę avili
ὅπως φανῶσιν Matth. 6. 16. ašte bišę sily byly, drevle po-
kaali sę bišę εἰ ἐγένοντο αἱ δυνάμεις, πάλαι ἂν μετενόησαν Matth.
11. 21. ne umêahą, čьto biše otъvêštali oύκ ᾔδεισαν, τί
αὐτῷ ἀποκριθῶσι Marc. 14. 40. čьto bišę sъtvorili Isusovi τί
ἂν ποιήσειαν τῷ 'Ιησοῦ Luc. 6. 11. ašte bišę sily byly, prê-
byly byšę εἰ ἐγένοντο αἱ δυνάμεις, ἔμειναν ἂν Matth. 11. 23.

b. Cloz.

Sing. III. ijuda ne možaše ego prêdati, ašte ne bi
samъ hotêlъ I. 164. i tako ne bi lučij bylъ οὐδὲ οὕτως
ἔμελλεν ἔσεσθαι βελτίων 195. koliko stvori, da bi luči bylъ
ὅσα ἐποίησεν ὥστε αὐτὸν ἀνακτήσασθαι 203. da bi nečъstъ byla
ἵνα γίνηται ἀδοξία 657. Plur. III. da bą prêstali otъ zъloby
svoeję i da bą nvêdêli ut desisterent a malitia sua καὶ ἵνα
μάθωσιν 173. 175.

c. Assem.

Sing. I. vъzęlъ bimъ svoe sъ lihvoą Matth. 25. 27.
vъzveselilъ sę bimъ Luc. 15. 29. istęzalъ bimъ Luc.
19. 23. reklъ bimъ vamъ Io. 14. 2. ašte ne bimъ pri-
šelъ i glagolalъ imъ, grêha ne bą imêli Io. 15. 22; 15. 24.
Sing. II. ašte bi vêdêla darъ boži, ty bi prosila u nego
Io. 4. 10. III. dobrêe emu bi bylo Matth. 26. 24. ašte bi
vêdêlъ, ne bi dalъ podryti domu εἰ ᾔδει, oὐκ ἂν ἀφῆκε διορυ-
γῆναι τὸν οἶκον Luc. 12. 39. dalъ ti bi vodą živą ἔδωκεν ἄν
σοι ὕδωρ ζῶν Io. 4. 10. molêahą i, da bi prêbylъ u nihъ
ἠρώτων αὐτὸν μεῖναι παρ' αὐτοῖς 4. 40. ašte bogъ ocь vašъ bi
bylъ, ljubili mę biste 8. 42. avraamъ radъ bi bylъ,
da bi vidêlъ denъ moj 8. 56. ne moglь bi oὐκ ἠδύνατο
9. 33. Plur. I. ne bimъ prêdali ego tebê 18. 30. II. ašte
biste verą imali (für imêli) moseovi, vêrą biste imêli
i mьnê 5. 46. ljubili mę biste 8. 42. ašte mę biste vê-
dêli, i oca moego biste vêdêli 8. 19. ašte čęda avraamlê
biste byli, dêla avraamlê tvorili biste εἰ τέκνα τοῦ Ἀβραάμ
ἦτε, τὰ ἔργα τοῦ Ἀβραάμ ἐποιεῖτε ἄν 8. 39. ašte biste slêpi byli,
ne biste grêha imêli 9. 41. ašte mę biste znali, i oca
moego znali biste ubo εἰ ἐγνώκειτέ με, καὶ τὸν πατέρα μου
ἐγνώκειτε ἄν 14. 7. Plur. III. bą: prosmraždajątъ lica svoê, da

sę bą avili u. s. w. ἀφανίζουσι τα πρόσωπα αὐτῶν, ὅπως φανῶσι u. s. w.
Matth. 6. 16. da bą i nizьrinąli Luc. 4. 29. sъvêštašę,
da i bą ubili συνεβουλεύσαντο, ἵνα ἀποκτείνωσιν αὐτόν Io. 11. 53.
ašte ne bimъ prišelъ i glagolalъ imъ, grêha ne bą
imêli 15. 22; 15. 24. bišę: slugy moję podvizaly sę bišę,
da ne prêdanъ bimъ bylъ ijudeomъ οἱ ὑπηρέται ἂν οἱ ἐμοὶ
ἠγωνίζοντο, ἵνα μὴ παραδοθῶ τοῖς Ἰουδαίοις 18. 36. bimь ist auf
den Conditionalis beschränkt, daher dъva otъ nihъ byste
idąšta ἦσαν πορευόμενοι Luc. 24. 13, wo man bêašete erwartet.
byste u nego denet(ъ) ἔμειναν Io. 1. 40.

d. Mariencodex.

Vъzveselilъ se bimъ. Sreznevskij, Glag. 108. ašte
bi sьde bylъ, ne bi bratrъ moj umrьlъ 110. Man beachte:
ašte ne bi ti dano sъ vyše εἰ μὴ ἦν σοι δεδομένον ἄνωθεν
Io. 19. 11. Ebenso Zogr., im Ostrom. by für bi.

e. Evangelium Sabbae (Savina Kniga).

Sing. I. vъzęlъ bimъ 81. III. bьdêlъ bi, i ne bi
ostavilъ 78. da bi êlъ 124. sь ašte bi bylъ prorokъ,
vêdêlъ bi ubo 125. In allen anderen Fällen finden wir byhъ,
by, byste, byše: reklъ byhъ vamъ 90. da by sъ nimь
bylъ 39. bъdêlъ ubo by, i ne by dalъ podъkopati 45.
da i by potopilъ 66. ašte by sьde bylъ, ne by bratъ
moj umrьlъ 70. dobrêe bylo by jemu, ašte sę by ne
rodilъ 84. ašte ne by bylъ zlodêj, ne byhomъ ego
prêdali tebê 105. ašte byste ljubili mę, vъzdradovali
sę byste ubo 3. ašte mę byste znali, i otьca moego
znali byste 91. da byšę sę javili 60.

f. Sup.

Azъ istęzalъ bimъ sъ vъzvitiją 279. 19. ašte i
jedinъ bi bylъ čudimyj 62. 3. koliko pače bi užasati
sę namъ Hristosa 113. 22. bi ubo bojati sę pače boga
113. 25. ašte i bi kto nynja ču učę grąby slovesy 300. 26.
Regelmässig steht by: moljaha sę, jako da by šelъ 26. 7.
ašte by vêdêlъ 55. 10. koliko sę by trudilъ, da by
obrêlъ jednogo 71. 4 u. s. w. Das öfter vorkommende ašti
steht für ašte bi, aštišę für ašte bišę. Das Befremdende

dieser Zusammenziehung wird einigermassen durch die Häufigkeit der Verbindung gemindert: ašti sь ne bylъ zъlodėj, to ne byhomy ti ego prėdali nisi hic maleficus esset u. s. w. aštišę jed'ni vojni pečatьlėli, mogli byšę glagolati u. s. w. si soli milites obsignassent u. s. w. 331. 16. Vergl. Grammatik IV. Seite 811. Man beachte jedoch, dass in Hvalь ašti für ašte vorkommt. Starine III. Seite 77.

II. a. Slėpč.

ašte jedinače bim(ъ) člověkomъ ugaždalъ, Hristu rabъ ne bimъ bylъ εἰ ἔτι ἀνθρώποις ἤρεσκον, Χριστοῦ δοῦλος οὐκ ἂν ἤμην Galat. 1. 10, wofür im Šiš. gelesen wird: ašte jedinače byhъ členěkomъ ugaždalъ, Hristu rabъ ne byhъ bylъ.

b. Pat.-mih.

Sing. 1. ašte ne sъblaznь ubo bi bylь, i člověkomь ubo ispovědalь sę bimь nisi scandalum fuisset, confessus essem 34. dobro bi, ašte ne bimь hodila samo 3. Neben bimь findet man bihь, das wohl nicht statt byhь steht: ašte bihь dostoinь priętі, bogъ bi vložilъ vъ srъdьce bratu, i dalь mi by si essem dignus, deus posuisset in corde fratri, et dedisset mihi 18. a ne bihь izъběžalъ nisi effugissem 52. II. glagola otъvrъgъšomu sę Hrista: po čto včera ne otъvrъže sę, da ne bi ranę priętь? cur heri non desciisti, ne vulnus acciperes? 5. glagola emu: tako mni, jako umrěhь, ne bi li sę peklь sь soboą edinь? nonne sollicitus esses? 142. III. ašte li bi kogda umьgnulъ maly učenikь jego, zvaše i starecь si quando paulum nictasset discipulus eius 11. a ne bi bratь sego sъtvorilъ 17. mъžaše, da ne bi viděl, čto tvoritь oculos claudebat, ne videret 27. ašte ne bi bogъ poslěd i pomoglъ emu 33. ašte bi agatonь bylъ, tvorilъ by zapovědi i poběždalъ brani 36. po čto izyde vъ mnišstvo? ne da li bi trъpělъ skrъbi? 37. ašte bi si vъ istiną vidělъ, ašte bi i črъvij byla plъna keliě tvoě, i ašte bi v nihь do vyę bylъ, trъpělъ bi ubo ne slaběą 43. ašte ne bi gospodь izъvěstilъ starcu, ne bi poslalъ kъ mně 56. ašte bi inamo ošelъ, vъzъmoglъ bi sъtvoriti e si alio abiisset, potuisset facere 68. dobro bi svoima očima viděniju 81. kъ vladycě bogu poemlę na nь, da by bez děla prěbylъ, i da ne bi vъzъmoglъ ničesože sьtvoriti accuso cum (diabolum), ut sine opera sit et ne quid possit perficere 89. eša (so ist wohl zu lesen) da bi sego ne sьtvorilъ 111. ašte carь prizvalъ vy bi, ne bista li nebrêgla sego imêniê vašego? si imperator vos vocasset, nonne contemneretis has facultates vestras? 132. a ne bi ejů razlęčila i sьmrьtь ne mors quidem separasset cos 142. kako bo ašte ne bi se bylo, ne bi li javilo sę dêlo ego čjudesi byvaęštiimi 144. egdaže bi ponê edina otъ mnimyhь hoditii (wohl hotij) ego otъvrьgla sę ego, abie duhomь razumêvaše, jako ljuby sьtvorila estь 153. ašte bi človêkь minąlь, na nь hotêše napasti bêsь 154. ašte ne bi ihь (dêvicь) bogъ iskrivilь, prêspêly byšą blądomь vsę ženy sýrьskyę nisi deus eas (virgines) curvasset, omnes feminas Syriae lenocinio superassent 154. ašte bi ne vrьglь dvê šesti, uigranь bi bylь 160. Dual. II. ne bista li ne brêgla vsego imêniê vašego 132. III. ašte inomu bogu ostavila ę bista i kь inomu išla rabotatь, dobro ubo sę bista pekla za nę 132. Plur. III. ašte sę ne bišą trudili zde svętii, ne prięli bišą čęsti pokoê 73. molêhą sę, da bišą bêsni byle, druzii že vь svętyj nedągъ da bišą vьpadali 108. ne bišą i smiêle sę εἰ ἤκουσαν, οὐκ ἂν προσεῖχον 128: die Übersetzung weicht ab. Diese Form ist auf den Conditionalis beschränkt, daher ęta bysta 5. vъzętь byhь 108. ugodьnici byšą namь 114. postrižena bysta 133. byhь dostoenь 135. tomь čêsê byšą (têla idolьskaê) jako i prahь 174. Selten dient byhь zur Bildung des Conditionalis: dalь mi by 18. azь byhь radь emu bylь 172.

c. Bon.

Sing. I. pogyblъ bimъ periissem. ašte bi vъshotêlъ, žrъtvą dalъ bimъ ubo. Daneben bihъ: ašte bi velъrêčevalъ, ukrylъ sę ubo bihъ otъ nego. prêtrъpêlъ bimъ. sъmêrilъ bimъ. III. ašte ne gospodъ bi bylъ vъ nasъ, požrъli ny bišę εἰ μὴ ὅτι κύριος ἦν ἐν ἡμῖν, [ἄρα ζῶντας] ἂν κατέπιον ἡμᾶς psal. 123. 1. 3. ašte bi bylъ človêkosъ otъ boga, ne bi razarêlъ somboty. Plur. III. požrъli ny bišą deglutissent nos. Nach bulgarischer Art bihą: ašte bihą poslušali. Sreznevskij, Jus. 131 a.

d. Bei Sreznevskij, Jus.

Sing. 1. dalъ bimъ. prêtrъpêlъ bimъ. ukrylъ bimъ sę 55 a. ašte bimъ človêkomъ ugaždalъ, bogu rabъ ne bihъ bylъ 97 a. 100 a. Einmal bymъ: pogyblъ bymъ 24 a. III. bi vъshotêlъ. bi ponosilъ 55 a. ašte bi bylъ na zemli, ne bi bylъ arhierej 97 a. ašte bi bdêlъ, dalъ bi 136 a. Plur. II. da biste priąli 97 a. III. bišę poslušali. bišę ispravili sę 55 a. ašte bišą razumêli, ne byšą gospoda raspęli 119 a. jako da i bą ulovili. ašte bą slušali boga, ne bą lišili sę 56 a.

III. a. Nic.

Sing. 1. da vъzveselilь se bimь Luc. 15. 29. istezalь bimь Luc. 19. 23. rekalь bimь Io. 14. 2. ašte ne bimь prišlь 15. 22. ne bimь sьtvorilь Io. 15. 24. Da Nic. i und y verwechselt, so ist die Schreibung bi in der II. und III. Sing. nicht entscheidend. Dasselbe gilt von bihь, bihomь, biste: vъzelь bihь Matth. 25. 27. Plur. I. ašte bimь byli vъ dьni otьсь našihь, ne bihomь obьštenici imь byli Matth. 23. 30. ašte ne bi bylь sь zlodêj, ne bimь prêdali ego tebê οὐκ ἄν σοι παρεδώκαμεν αὐτόν Io. 18. 30. III. bą wird durch das unrichtige bi ersetzt, selten durch byše: da bi se êvili Matth. 6. 16. pokaêli se bi Matth. 11. 21. prêbyli bi Matth. 11. 23. kako i bi pogubili Marc. 3. 6. čto byše stvorili Isusu Luc. 6. 11.

b. Hvalь.

Sing. I. molylь ubo bimь boga Starine III. Seite 119.

c. Ant.

Ašte biste vidêli, ne biste istьštili 170.

d. Hom.-mih.

Jeda bimь i samogo poznalь. ašte bi raba imêlь hitra, ne bi jego prodalь hitrosti radi. ašte bi samь ne hotêlь, to i tako ne bi lučij bylь. koliko stvori jemu, da bi lučij bylь. hote stvoriti, da biše prêstali otъ zloby svoje. Vergl. die oben bei Cloz angeführten Stellen.

e. ašte ne bihu imêli velikihь naдеждь, to ne biše trъpêli tolikihь mukь Zap. 2. 2. 31.

IV. Glag.

Ašte bi mnê vragъ ponosilъ, prêtrъpêlъ ubo bimь, i ašte bi nenavidej me velerêčevalъ, ukrilъ se bimь otъ nego Psal. 54. 13.

V. Greg.-naz.

Inъ bi javilъ sę ἄλλος ἂν ὤφθη neben ašte by vъzbranilъ, luče by bylo. Vergl. bymъ poštędêlъ 26. ašte bymъ ljubilъ živъ byti εἰ ἐφιλοζώησα aus einem Codex des XIII. Jahrh. Op. 2. 2. 52.

Ostromir kennt kein bimъ, -bą, daher reklъ byhъ. ašte by vêdêla, ty by prosila. ašte by bylo. ašte byste byli u. s. w.

Dieselbe Form findet sich in derselben Bedeutung in den karantanisch- (neu-) slovenischen Freisinger Denkmälern: teh ze tebe mil tuoriv, da bim tacoga grecha pocazen vzel asl. têhъ sę tebê milъ tvorją, da bimъ takoga (vergl. Sup. XI.) grêha pokaznь vъzęlъ de his me tibi humilio, ut talis peccati punitionem accipiam 1. 24. da bim uzlissal na zodni den tuo milozt vueliu asl. da bimъ uslyšalъ na sądьny dьnь tvą milostь veliją ut audiam in iudicii die tuam misericordiam magnam 1. 31. da bim cisto izpouued ztuoril asl. da bimъ čistą ispovêdь sъtvorilъ ut puram confessionem faciam 3. 22. da bim nezramen i neztiden na zudinem dine pred tuima osima ztoial asl. da bimъ nesramьnъ i nestydьnъ na sądьnêmь dьne prêdъ tvyma očima stojalъ ut sine pudore et rubore in iudicii die ante tuos oculos stem. 3. 53. Dagegen: bonese bui uvignan asl. ponježe by (bystъ) vygnanъ postquam expulsus est 2. 8.

Auch im Kroatischen findet sich bimъ in derselben Function. Es wird gewöhnlich conjugirt: bim (bih). biš (biše). bi; bimo. bite. bi. Novice 1859. Seite 394. ako bim se kdê premrsil. Codex von 1463. Man vergleiche eine Stelle aus einem Volksliede aus Istrien: ja bin (bim) rada, da mi oba dojdu (der Geliebte und der Bruder). koliko biš ti za koga dala? za draga bin desnu ruku moju, za brajna bin črno oko moje. koliko biš koga žalovala? brajna bin ja (žalovala), dok bin živa bila. Die II. Sing. lautet bei Lučić 25 bisi und bi: o vilo, da bisi (falsch, denke ich,

bi si) liposti tve znala, ne bi se bojala wüsstest du, du
würdest nicht fürchten. bimъ liest man auch in den Monu-
menta Serbica 54: kako bimъ ruku dalъ. Die Form ist
eigentlich kroatisch.

Im Asl. wurde bimъ schon in alten Quellen durch den
regelmässigen Aorist von by ersetzt, daher by hъ bylъ u. s. w.
Im Nsl., das in den Freisinger Denkmälern bimъ kennt, ist
dieser Aorist zu bi (d. i. by, nicht bi) herabgesunken, das
die Function einer Moduspartikel hat: bi bil. In einigen Ge-
genden des nsl. Sprachgebietes ist besem, besi, be; besva,
besta, besta; besmi, beste, beso gebräuchlich, wie ange-
geben wird, nicht nur zur Bildung des Conditionalis, sondern
auch des Plusquamperfectum. besem, besi u. s. w. ist eine
Verbindung des by mit dem Praesens des Verbum jes, es ist
daher besem, besi u. s. w. aus by jesmь, by jesi u. s. w.
entstanden. Im Bulgarischen findet sich bih. Vergl. Gramm. 3.
Seite 241. Dasselbe tritt im Serbischen ein: bih dao; die
III. Plur. lautet jedoch nicht biše, sondern bi, was manchmal
schon im Asl. vorkömmt. Sup. 288. 10. Dieselbe Entstehung
wie dem nsl. besem muss dem klruss. bym aus bysm zuge-
sprochen werden, wofür jedoch auch das partikelhafte by stehen
kann, wenn die Person des Subjectes ausgedrückt erscheint:
bym, byś, by; bysmo, byste, by. Dass bym aus by jesmь
hervorgegangen ist, ergibt sich aus älteren Formen wie by
jesy für byś: nyžły by jesy łovy i dań medovuju s nym
na poły mił Act. 2. 162. by jeste für byste: ažły by jeste
vaše svjatytel'stvo račył viryty 2. 358. Das Russische
kennt gegenwärtig nur die Partikel by; alt besteht auch by
este: da by este vyêchali vsi knjazi Chron.-novg. 4. 101.
Im Čechischen findet sich Sing. bych; bys, alt bysi; by; Dual
alt: bychova, bychva, bychvê; bysta; bysta; Plur. bychom,
bychomy, bychome, bychme; byste; by. Die III. Plur.
kann im Čech. auch bychu lauten. Falsch ist die Schreibung
by ste für byste. Daneben besteht die Verbindung des by
mit dem Praesens von jes in der heutigen Volkssprache: dy
bysem (falsch dyby sem) jo měla chodničky rachovać,
musela bysem jo lokajička chovać Sušil 226. a bysem
našla 240. ty bysi plakala Erb. 111. de besis bel vevolel
královstvi boži, bel bes ho měl Čit. 48. slovak.: či bisi

bola hodná, že bisom ja taká pekná tebe vodu nosila Čít. 56. Polnisch bestand ehedem bych, by, by; bychwa, bysta, bysta; bychom und bychmy, byście, bychą, heutzutage bym, byś, by; byśmy, byście, by. Man merke ruszyła sta by Ustaw. 135 für ruszyła bysta. Das Oserb. verwendet den alten Aorist bych, by, by u. s. w. und das Imperfectum budžech, budžeše, budžeše u. s. w., jenes zur Bildung des Conditionalis praes., dieses zur Bildung des Conditionalis praet. Im Nserb. tritt an die Stelle des bych die Partikel by; das Imperfectum bužach hat dieselbe Anwendung wie im Oserb. das gleiche Tempus. Nach dieser Erklärung des poln. bym (denn das Klruss. kann offenbar nichts beweisen) kann ich der Ansicht Leskien's, Beiträge 6, Seite 187, nach welcher bimъ für bymъ nichts anders sein soll als by mit der primären Endung der I. Sing., nicht beistimmen. Es wird demnach zur Bezeichnung des Conditionalis mit dem Partic. praet. act. II. verbunden nach Verschiedenheit der Sprachen und Zeiten 1. der alte Aorist bimъ; 2. der jüngere Aorist bychъ; 3. die Partikel by; 4. die aus der Partikel by und dem Verbum jes hervorgegangene Form byjesmь.

Das pannonische bimъ, bimь glaube ich mit dem mittels des Hilfsvocales i gebildeten altindischen Aorist zusammenstellen zu sollen, über welchen Schleicher, Compendium Seite 812, handelt. Es wäre demnach II. Sing. bi zu vergleichen mit avēdīs, III. Sing. bi mit avēdīt, I. Plur. bimъ mit avēdisma, II. Plur. biste mit avēdišta. Die I. Sing. bimъ, bimь bietet allerdings eine Schwierigkeit wegen des auslautenden mъ gegenüber dem altindischen avēdim: das s ist schon im Aind. ausgefallen. Derselbe Ausfall ist in der I. Plur. bimъ eingetreten. Eine weitere Schwierigkeit bietet die III. Plur., indem man statt bišę etwa bisę erwartet: š dürfte auf der Analogie mit byšę beruhen. Diese Darstellung, durch welche dem bimъ, bimь eine von byhъ verschiedene Entstehung vindicirt wird, ist auf Widerspruch gestossen. Sreznevskij meint, in bimъ, bi, bi u. s. w. stehe i für y. Glag. 73. 114. Jus. 16 a. 55 a. Derselben Ansicht pflichtet Leskien bei, Beiträge 6, Seite 187. Man kann sich zur Unterstützung dieser Ansicht auf Formen wie bihъ berufen: ukryłъ sę bihъ Bon., bei Sreznevskij Jus. 131 a. und auf Formen wie bymъ: pogyblъ bymъ Psalt.-

Sluck. 160; ni sichъ bymъ poštędêlъ Greg.-naz. 315 b. Wenn man jedoch bedenkt, dass sich bimъ im Laufe der Zeit verloren hat, ferner dass die Formen bihъ und bymъ in maassgebenden Quellen gar nicht vorkommen, so wird man die der meinigen entgegenstehende Ansicht wohl kaum wahrscheinlich finden. Man beachte, dass bimъ in Denkmälern gebraucht wird, in denen von einer Vermengung von i und y keine Spur nachweisbar ist. Die meiner Ansicht entgegenstehenden Schwierigkeiten scheinen geringer zu sein als jene, die gegen die Ansicht der Gegner sprechen.

Die III. Plur. bą fasse ich als einfachen Aorist auf und stelle es demnach zu aind. a-bhūv-an; einem vorauszusetzenden bhu-ant entspräche bą vollkommen, da bą aus bu-ant entsteht: vgl. lat. fuant, Schleicher, Compendium Seite 754. 758. Altslovenische Formenlehre in Paradigmen, Seite 39.

IV. Die Personalsuffixe des Dualis.

Das Personalsuffix der I. Dual. lautet vê, das der Dual. nom. der ersten Person ist: vêvê scimus Zogr. prosivê. sędevê. hoštevê Sav. 68. Nur auf ganz jungen Quellen kann die Lehre Dobrovský's beruhen, wornach der Dual. lautet: I. bieva (bijeva) m. bievê f. bijva m. bijvê f. bihova m. bihovê f. Institutiones 521.

Das Personalsuffix der II. Dual. lautet ta, das der III. nach den pannonischen Quellen regelmässig te, und zwar in beiden Personen ohne Unterschied des Genus. II. privedêta Zogr. III. bêašete Zogr. Nach Dobrovský lauten beide Personen bieta m. bietê f. bijta m. bijtê f. bista m. bistê f. Institutiones 521.

Gegenstand dieser Abhandlung sind die II. und III. Dual. Die Entwicklung dieser Formen soll durch die älteren Denkmäler verfolgt werden.

I. a. Zogr.

II. privedêta. vêsta. vъzvêstita. povêdita. vêrueta. ugotovajta. grędêta. dêeta. idêta. iskašeta ἐζητεῖτε Luc. 2. 49. možeta. rьcêta. obręšteta. slyšasta. hošteta. esta. Zogr. b. ispieta. rečeta. obręšteta.

III. besêdovaašete ὡμίλουν Luc. 24. 14. boêšete sę ἐφοβοῦντο Io. 9. 22. bądete ἔσονται Marc. 10. 8. byste. bêste ἦσαν Luc. 9. 30; 23. 12; 24. 13. bêašete ἦσαν Matth. 4. 18. Marc. 1. 16; 9. 4; 14. 40. Luc. 1. 6; 1. 7; 7. 41. vьvêste. (oči) vidite. (uši) slyšite Matth. 13. 16. vъzvratiste sę. (kako ti sę) otvrêste (oči) πῶς ἀνεῴχθησάν σου οἱ ὀφθαλμοί Io. 9. 10. otъvrъzoste sę (oči) Matth. 9. 30. razvrъzoste sę (sluha) Marc. 7. 35. vênite sę Matth. 10. 29. vъzvêstiste Marc. 16. 13. otvêštaste. glagolaste Matth. 9. 28. ugotovaste Marc. 14. 16. diviste sę 2. 48. drъžaašete sę ἐκράτουντο. poznaašete Luc. 24. 16. zьrêašete ἐθεώρουν Marc. 15. 47. idete Aor. Matth. 9. 27. Io. 1. 37. idoste Matth. 4. 20. Marc. 1. 18; 1. 20; 10. 35; 11. 4. vъnidoste. izidoste 14. 16. pridoste 14. 16. Io. 1. 40. idêašete Matth. 28. 9. Luc. 24. 28. iskaašete. razlączaašete sę 9. 33. (onê) jęste sę (za nozê ego) ἐκράτησαν αὐτοῦ τοὺς πόδας Matth. 28. 9. pomyšľêašete. propętaê ponošaašete emu 27. 44. Marc. 15. 32. nąždaašete Luc. 24. 29. razumêste 2. 50. vъpadoste. rêste Marc. 10. 37; 10. 39. Luc. 9. 12; 9. 54. Io. 1. 39; 9. 22. obrêtoste Marc. 11. 4; 14. 16. Luc. 19. 32; 22. 13. otrêšaašete Marc. 11. 4. staste Luc. 24. 4. têste Matth. 28. 8. hoždaašete Luc. 2. 41. sъnêste Praes. Io. 6. 53. vênimê este. nêste. Daneben privedosta ἤγαγον Marc. 11. 7. vidêsta εἶδον Io. 1. 40. vъpadeta sę πεσοῦνται Matth. 15. 14. Luc. 6. 39. rekosta 7. 20. rêsta Marc. 11. 6. Luc. 22. 7. čjusta. Zogr. b: otvrъzete sę oči. sъvêštaete Matth. 18. 19. prozъrêste oči. sędete 20. 21. êviste sę. este 18. 20. Daneben idosta 20. 34. glagolasta 20. 33. sêdêsta 20. 30.

b. Cloz.

III. (obê pascê) bądete I. 845. (dva učenika) grędete 955. (dъvê žrъtvê) dêašete sę 847. razljučaete sę 133.

c. Assem.

II. vy glagoleta ὑμεῖς λέγετε Io. 9. 19. ne bojta sę vy f. μὴ φοβεῖσθε Matth. 28. 5. išteta ζητεῖτε. pridêta δεῦτε. vidita ἴδετε. rьcêta εἴπατε. radujta sę χαίρετε 28. 9. idêta ὑπάγετε. vъzvêstita ἀπαγγείλατε f. 28. 5, 6, 9, 10. vêsta. možetа. ispieta. krъstita sę. hošteta.

III. boêšete sę (roditelê) ἐφοβοῦντο Io. 9. 22. byste u nego ἔμειναν 1. 40. bêste lovca ἦσαν Matth. 4. 18. oči bêašete zьręšti na nь ἦσαν ἀτενίζοντες Luc. 4. 20. bądete oba vъ plъtь ediną ἔσονται Matth. 19. 5. bądete dъva na selê 24. 40. obiste ἔδησαν Io. 19. 40. vъzvratiste sę ὑπέστρεψαν Luc. 24. 33. otvrêste sę oči ima ἀνεῴχθησαν Matth. 9. 30. kako ti sę otvrêste oči Io. 9. 10. onêma otvrъzoste sę oči Luc. 24. 31. razvrъzoste sę sluha ego Marc. 7. 35. ta povêdaaste ἐξηγοῦντο Luc. 24. 35. otvêštaste imъ roditelê ἀπεκρίθησαν Io. 9. 20. ašte dъva otъ vasъ sъvêštaete συμφωνήσωσιν Matth. 18. 19. glagolaste λέγουσιν 20. 33. udrъžaste sę ἐκρατοῦντο Luc. 24. 16. da ego ne poznaste τοῦ μὴ ἐπιγνῶναι αὐτόν ibid. po nemъ idete ἠκολούθησαν Matth. 4. 20. prêdъ nimъ idete προσπορεύονται Marc. 10. 35. idoste. pridoste ἦλθον Io. 1. 40. idêašete ἐπορεύοντο Luc. 24. 28. jęste sę za nozê ego ἐκράτησαν f. Matth. 28. 9. prięste Io. 19. 40. prêžde daže ne sъnęste sę πρὶν ἢ συνελθεῖν αὐτούς 1. 18. pokloniste sę προσεκύνησαν f. Matth. 28. 9. položiste ἔθηκαν Io. 19. 42. egda vъznêste roditelê otročę ἐν τῷ εἰσαγαγεῖν Luc. 2. 27. nażdaaste παρεβιάσαντο 24. 29. vъzьpiste ἔκραξαν Matth. 8. 29; 20. 30. ona vъpiêšete ἔκραζον 20. 31. vešti, ejęže koliždo prosite πράγματος οὗ ἐὰν αἰτήσωνται 18. 19. ona rêste εἶπον Marc. 10. 37. Luc. 24. 19. Io. 1. 39. rêste kъ sebê Luc. 24. 32. rêste roditelê Io. 9. 20. sice rêste roditelê 9. 22: 9. 23. obrêtete εὗρον Luc. 2. 46. obrêtoste 24. 33. sъrêtoste i dъva bêsna ὑπήντησαν Matth. 8. 28. uslyšaste Io. 1. 35. têste ἔδραμον Matth. 28. 8. tečaašete ἐτρέχον Io. 20. 4. hoždaašete roditelê ego ἐπορεύοντο Luc. 2. 41. ne čjuste roditelê οὐκ ἔγνω 2. 43. êviste sę imъ moisii i iliê ὤφθησαν Matth. 17. 3. ne dъvê li ptici na asўrii vênimê este πωλεῖται 10. 29. ideže este dъva li trie sъbъrani εἰσὶ συνηγμένοι 18. 20. nêste dъva 19. 6. Dancben besêdovaasta ὡμίλουν Luc. 24. 14. vidêsta εἶδον Io. 1. 40. andrea i filipъ glagoleta λέγουσιν 12. 22. poznasta ἐπέγνωσαν Luc. 24. 31. zъrêasta ἐθεώρουν Marc. 15. 47. idosta pomolit(ъ) sę ἀνέβησαν Luc. 18. 10. po isusê idosta ἠκολούθησαν Io. 1. 37. da umlъčita ἵνα σιωπήσωσιν Matth. 20. 31. uslyšasta ἤκουσαν Io. 1. 37.

d. Mariencodex.

III. da otvrъzete sę (naju oči). glagolaste. prozьrêste (ima oči). idete Aor. umlъčite. vъpiêšete. vъzъpiste. posъlaste (sestrê). sędete syny. (ne dьvê li na desęte godinê) est[e] (vъ dьni). Sreznevskij, Glag. 104. 105. 108. 109.

e. Evang. Ochridense.

III. vidês[te]. [otvrъzo]ste sę oči. [idost]e. idêšete. nąždašete. rês[te]. slyšaste. Sreznevskij, Glag. 77. 79.

f. Evangelium Sabbae-(Savina Kniga).
II. bljudeta 18. vêsta 68. idêta 72. možeta. ispieta 68. rьcêta 18. 72. rêsta 68. obręšteta 72. Fem. ne bojta sę. povêdita. idêta. radujta sę 116.
III. bysta 134. bêsta 11. 114. bądeta 23. privedosta 72. vêrujeta. glagolasta. idêsta 18. idosta 26. rêsta 25. obrêtosta 141. stvorista 72. esta 9. Neben ta findet man in der III. te, und zwar für das Masc.: prêdъ nimь idete ijakovъ i ioanъ, syna zevedeova 68. prêžde daže ne sъnęste sę 133; für das Fem.: dvê na desęte godinê este vъ dne. 69. bêste oči imъ tęgotьnê 86. ta tritt auch dann ein, wenn das Subject oči ist: otvrьzosta sę oči 18. otvrьzeta sę oči 25. oči bêasta zъręšti 117. Für das Fem. liest man einigemal tê: posъlastê sestrê ego kъ nemu 69. tekostê povêdatъ. egda idêstê povêdatъ. jęstê sę za nozê ego. poklonistê sę emu 116. vidêstê oči moi 136.

g. Sup.

II. sъberêta. bysta. povinujeta. ispovêdasta. podvizasta sę. uzьrita. imata. možaasta. molista sę. rêsta. poslušajta. tvorita.
III. besêdovasta. bysta. prêbyvaasta, prebyvasta. bêsta. bêžasta. vedosta; vъzvedosta. povelêsta. vidêsta. vъvrъgosta. sъpovêdasta. otъvêštasta. pogribajeta. grędeta. pogybosta. oženista. žista. žьdasta; pož'dasta. idosta, idêasta, idêašeta; izidosta; sьnidosta. prêjemľeta: pokazasta. poklanjasta sę. moljaasta, moljasta. pomyšlasta für -šľasta. padosta. pijasta. rekosta obrêtosta; sьrêtosta. osvêtista. slavьjasta. slyšita.

poslušasta. vъstavista; postavjsta. sušasta. sêdosta. tvorasta. utrьposta. načęsta. esta.

II. a. Bon.

III. ne iznemožete plesnê moi οὐκ ἠσθένησαν τὰ ἴχνη μου Psal. 17. 37. ishodišta vodъ izvêste oči διεξόδους ὑδάτων κατέβησαν οἱ ὀφθαλμοί Psal. 118. 136. vьzvêste sę oči moi ἐμετεωρίσθησαν οἱ ὀφθαλμοί μου 130. 1. byste. masc. vъshvalita. ostavista. Fem. podvižastê sę nozê moi. rącê ego sъzdastê. vъzdrêstê ustnê moi ἐλάλησε τὸ στόμα μου 65. 14. oči priziraetê und priziraete. kolênê moi iznemogostê. pomračistê sę oči ihъ. otrignetê ustъnê moi. oči utvrъždenê estê na nъ. ustьnê pohvalitê tę. dijavolъ i smŕtь išteznąstê. rącê čistê estê. varistê oči. oči iskonъčastê sę. rącê stvoristê. Sreznevskij, Jus. 361—380.

b. Pat.-mih.

II. bêsta. bądeta 133. vêučêeta 131. varita 129. vьzьdrêmita 131. zrita 4. zazrita 151. izydêta 135. pridęta 87. 131. imata 131. krьstista 133. prolêeta 39. pomyslita 132. porodita sę 133. oslabita 131. tecêta 132. hošteta 150. esta 87. 132. 133. ta wird auch bei einem Subjecte Neutr. angewandt: izydêta ovčętę hristovê 135. dobrê prideta, ovčęti hristovê 131.

III. Die Personalendung der III. Dual. ist ta, te und tê, so dass ta nur Masc., te Masc. und Fem. so wie Neutr., tê nur Fem. und Neutr. ist. ta: besêdovasta. sьblaznista sę 150. približista 131. vъzьbnêsta 139. bysta 39. 133. 138. 139. 151. bêsta 135. 139. 142. 150. bêžasta 52. vidêsta 4. 11. 87. 134. 135. obraštasta 156. povêdasta 4. pogrêsta 162. sьžalista si 134. ideta 86. 129. idosta 175. idêsta 136. umrêsta 39. rêsta 38. 87. 134. 150. obrêteta 86. 131. obrêtosta 150. načęsta 47. 76. 138. jazdêsta 129. esta 87. u. s. w. Im Ganzen über neunzig mal. te Masc.: bêste 10. 56. 70. 129. 130. 139. 151. byste 57. prêbyste 11. glagolaste 86. pognaste 39. vьdaste 129. sъzdaste 11. idete 4. 129. otidete 118. pridete 131. imêaste 56. poęste 125. razląčiste 129. pomudite 133. vъprosiste 87. rêste 10. 87. 129. obrêtete. staste 129. postaviste 39. strêlьšete für strêljašete 39. tvoriste 129. sьtvoriste 37. Einmal findet sich te als Personalendung der II. Dual.: ostavite 131, doch ist die Stelle nicht ganz klar. te Fem. Neutr.: bêste 135. svetlê licema ima bêste 83 wohl für svetlê licema bêste. dvê bani bêste blizь sebe 147. proštenê byste 84. vêrovaste dvê čęsti otь grada 176. pridete 83. priimete. pri̥ęste 84. imêste 83. oči ei izmêniste sę 122. otьpadete ti rącê 176. spodobiste sę 84. svьtêste sę 83. tê Fem. Neutr.: goritê têlesi vaju 87. živetê 84. da vnidetê ovčęti moi 131. estê 141. ustnê tvoi obličêetê tę 166. ašte mi obê oči isprьgnetê 157. sьčististê sę oči͏̈emu i bystê zdravê 157.

c. Aus Sreznevskij, Jus.

(da oči ne) viditê 157. (oči moi) iskonьčaste sę 162. (ishodišta vodьnaja) izvedoste (oči moi). variste (oči moi) 163. posъlastê (sestrê jego) 167. ugotovaste 244. adamъ i žena ego ne stydêsta sę. otvrъzetê sę (oči vaju). sъšista (listvie) 266. prideta 272. molista sę. ona vъzvratista sę i blagovêstъstvovasta 304. vъzydosta 306.

III. a. Nic.

Diese Quelle kennt nur das Suffix ta. II. radujta se f. 71. III. ideta (Aor.) dva slêpca 15. nêsta dva 40. zvahota m. ἔκραζον 44. idêahota m. ἐπορεύοντο 212. obrêšteta m. εὗρον 202 für obrêteta: daraus schliesse ich, dass dem Serb. der einfache Aorist zur Zeit, als das Denkmal geschrieben wurde, unbekannt war. Auch im Fem.: otъvrъzosta se oči 15. 212. dvê pticê (ptici) vinêmi (vênimê) esta 18. otьvrъzeta se naju oči. prozrêsta se (das falsch ist) oči 44. tečasta. esta se za nozê ego 71. bêsta imь oči tegotnê 117. oči bysta (bêsta) zrešti οἱ ὀφθαλμοὶ ἦσαν ἀτενίζοντες 138. Luc. 4. 20. kako ti se otьvrêsta oči? 243. Dass oči Fem. ist, scheint sich aus otvrъstama očima Šiš. 18 zu ergeben.

b. Šiš.

Dieses Denkmal kennt nur ta: dva stasta. rêsta. vьzydosta u. s. w. utvrьdista se jemu plesnê 7. Was von Nic. und Šiš., gilt auch von Hval.

c. Evang. Šiš.

Dvê budeta na selê. bêsta imь oči tęžcê.

d. Ant.

III. vidêste neben pridosta f. têsta.

e. Anth.

Idêže stojasta nozê jego.

f. Hom.-mih.

Oči iju (jeju) držimê bêsta. Auch die III. hat stets a: besêdovasta. bysta. idêjasta. imêsta u. s. w.

V. a. Otrom.

II. bljądêta (bljudêta). bojta sę. privedêta. vidita. vêsta. povêdita. vêrujeta. glagoljêta. idêta. pridêta. iskasta. išteta. možeta. ispijeta. rečeta. rьcêta. sъtęzajeta sę. hošteta.

III. besêdovasta. bojasta sę ἐφοβοῦντο. bysta. prêbysta. bêasta. bêsta. bądeta. vъvedosta. obista. vidêsta. vъzvratista sę. razvrъzosta sę. povêdasta. otvêštasta. užasosta sę. poznasta. zьrêsta. zьrjaasta. zъvaasta. idosta. idêasta. idjaasta. vъzidosta. pridosta. prijęsta. sъnęsta sę. iskaasta. sъlêzosta. razlączista sę. umlъčita. vъznesosta. ponošasta. nążdaasta. vъzъpista. rêsta. rekosta. obrêtosta. sъrêtosta. slyšasta. sъtvorista. tečaasta. razumêsta. hoždaasta. jesta. Die Personalendung te wird bei einem Subjecte Fem. angewandt: cênimê jeste. bêste imъ oči otęgъčenê. vidêste oči moi. dьržaste sę ἐκρατοῦντο. jęste. staste. Dasselbe gilt von der Personalendung tê: radujtê sę. posъlastê sestrê. tekostê.

b. Greg.-Naz.

(nozê da ne) bądeta (brъzê).

Aus dem Gesagten ergibt sich folgendes Resultat: 1. Die Personalendung der •I. Dual. ist vê. 2. Die Personalendung der II. Dual. ist ta. 3. Die Personalendung der III. Dual. ist in den ältesten (pannonischen) Quellen te; daneben finden wir einigemal die Endung ta. Das Genus des Subjectes hat in diesen Quellen auf die Personalendung keinen Einfluss. 4. In jüngeren Denkmälern wird mit dem Subjecte im Fem.

4*

und Neutr. die Personalendung tê oder te verbunden. 5. Ein Unterschied der Personalendungen nach tempora und modi besteht nicht: was vom Praes., gilt auch vom Aor. und Imperf. Im Imperat. scheint ursprünglich die III. durch die II. vertreten worden zu sein, wie diess im Sing. der Fall ist. 6. Ebenso wenig besteht ein Unterschied zwischen dem Genus Fem. und Neutr.: die Denkmäler, die beim Fem. te oder tê anwenden, gebrauchen diese Endungen auch beim Neutrum.

Die Entwickelung scheint in der Art stattgefunden zu haben, dass vor allem die III. Dual. auf te der II. Dual. auf ta assimilirt und dass dann, allerdings nicht nothwendig, das ta der III. Dual. und wohl auch die II. Dual. durch den Einfluss des Auslautes des Dual. nom. Fem. und Neutr. in tê verwandelt wurde.

V. Imperativ.

Der Imperativ, ursprünglich ein Optativ, besteht aus dem Praesensthema, dem Modussuffix i und den Personalendungen. Alle diese Elemente sind vorhanden bei den Verben I. a. vedête d. i. vede-i-te. b. nesête. c. grebête. d. pьcête. e. pьnête. g. mrête. II. dvignête. V. 3. berête. Alle übrigen Verba weichen in den meisten Denkmälern von dieser Regel ab: I. f. bijte. III. a. umêjte. b. trъpite. IV. hvalite. V. a. dêlajte. b. kol'ite. d. dêjte. VI. likujte. Die Erklärung dieser Formen bietet mir Schwierigkeiten dar. Man kann annehmen, bijte sei aus bijête d. i. bije-i-te, kol'ite aus koljête d. i. kolje-i-te entstanden, indem ê wie sonst nach j, wie etwa im Sing. und Plur. Loc. der ъ-Declination, in i übergegangen. Man kann aber auch die Formen durch die Annahme erklären wollen, es sei an bi, kol'i das Modussuffix unmittelbar angefügt worden. Man kann schliesslich vermuthen, dem pijte, kol'ite liege die II. Sing. pij, kol'i zu Grunde, eine Deutung, die insoferne mit der ersten verwandt ist, als pij, kol'i wohl ohne Zweifel als ältere Formen piji, kol'i aus pijê, kol'ê voraussetzen. Mir scheint die erste Erklärung richtig, da man wenigstens für die Verba I. f. und V. b. ältere Formen wie bijête, bijate und kol'ête, koljate nachweisen kann, die wie vedête die Elemente des Imperativs vollständig enthalten. Für die übrigen Verba findet man dergleichen Formen allerdings nicht: mit einem **dêjate** könnte man sich vielleicht befreunden, da **dê** auch nach I. f. conjugirt wird, nicht so leicht wird man Imperative wie **umêjate**, **dêlajate**, **likujate**, geschweige denn **trъpijate**, **hvalijate** zulassen. Hinsichtlich der Verba IV. geht die Erklärung Schleicher's, Compendium Seite 719, dahin, dass in **budi**, **budite** das Optativelement im Stammbildungs-Element verschwunden ist, indem **budi**, **budite** für **budiê**, **budiête**, Grundform **baudhaja-i-s** u. s w., stehe. Da die Verba III. b. und IV. nur in der I. Sing. praes. das Praesens-e haben, die Verba IV. es ausserdem nur im Imperfect voraussetzen, so wird es vielleicht richtig sein zu sagen, dass auch im Imperativ kein e eintritt, daher **trъpite** aus **trъpiite**, **hvalite** aus **hvaliite**. **umêjte**, **dêlajte**, **likujte** dürften dagegen ebenso zu erklären sein wie **pijte**, **kol'ite**.

Die älteren Imperativformen werden, wie gesagt, von Verben I. f. und von Verben V. b. gebildet.

1. Von Verben I. f.

Bijate Sup. Zap. 2. 2. 26. Izvêst. 10. 482. **bьjate** Proph.-saec. XV. **izbijate** Zap. 2. 2. 22. **ubiêmъ** d. i. **ubijamъ** Zogr. **ubьêmъ** d. i. **ubьjamъ** Luc. 20. 14 - Zogr. **ubiêmo** d. i. **ubijamo** Assem. **ubijamъ** Ostrom. **vъzъpijate** Proph.-saec. XV. **pokryête** Luc. 23. 30 - Zogr. **sъkryjate sę**. **omyjate sę**. **pijamъ** Proph.-saec. XV. Sbor.-Sevast. **pijate** Sav. 84. Zap. 2. 2. 26. Proph.-saec. XV. **napijamъ sę** Op. 2. 2. 429. **vspojate** Proph.-saec. XV.

Von Verben V. b.

Alъčamy Sup. 323. 1. **glagol'jamъ** Sup. **vъzdeždate** Bon. **vъnemljate** Sreznevskij, Jus. 387. **ištate** Zogr. Slêpč. Ostrom. Ev.-Stam. Zap. 2. 2. 22. 26. **vъzyštate** Bon. Psalt.-Pog. **vьzyštate** Psalt.-Deč. **nakažate** Psalt.-Pog. **pokažate** Luc. 20. 24 - Zogr. Sav. 47. **lьžate** Strum. **plačate sę** Sav. **vъspleštate** Bon. Psalt.-Pog. **vьspleštate** Psalt.-Deč. **priobręštamy** Sup. **sьręštamъ** Sup. **usręštamъ** Lam. 1. 26. **posteljamъ** Sup. **svęžamъ** Parem.-Grig. Psalt.-Pog. **sъvęžate** Assem. Ostrom. **osęžate** Assem.

ê erhält sich nicht selten.
Sьvęžête Ev.-Und. 194. glagolête Zogr. Sav. 50. vъnemľête Zogr. vъnemlête Zogr. Assem. vьnemlête Sav. 50 neben vьnemête aus vьnemьête 126. ištête Zogr. Assem. Sav. 11. 53. Srezn., Jus. 390. zakolête Sav. 55. pokažête Luc. 20. 24 - Zogr. Sav. 27. Ostrom. lъžête Slêpč. vъspleštête. sъręštête Greg.-Naz.

i für ê, a findet man schon in den ältesten Quellen:
1. biimъ, vielleicht bijmъ, Zlatostr.-saec. XII. otъmyimъ, vielleicht otъmyjmъ, ibid. piite Zogr.
2. glagolite Zogr. pokažite Zogr. ukažita Hom.-mih.

Falsch ist jaj für ja:
vъnemljajte Ev.-Deč. 387. vьnemlajte Nic. 10. 17. 32. 198. 200. vъspleštajte Apost.-Ochrid. 275 aus vъnemljate. vъspleštate.

VI. Sing. loc. der consonantischen Stämme.

Neben dem Auslaut i haben in den ältesten altslovenischen Denkmälern die consonantischen Stämme die Endung e. Ich erblicke in dieser Form eine Eigenthümlichkeit des pannonischen Slovenisch.

I. a. Zogr.

Vъ crkъve Matth. 12. 5. vъ crъkъve Marc. 11. 15; 11. 27; 12. 35; 14. 49. vъ crkъve Luc. 1. 21; 2. 46; 19. 47; 22. 53. vъ crъkve 21. 38. vъ crъkъve Io. 2. 14; 5. 14; 7. 28; 8. 20; 10. 23; 11. 56. vъ crъkьve 27. 5, im Ganzen über fünfzehnmal. vъ dьne 11. 49. na, vъ kamene Marc. 13. 2; 15. 46. Luc. 6. 48 zweimal. 8. 5; 20. 17. Matth. 24. 2 im jüngeren Theile. pri korene Luc. 3. 9. vъ n'ego ľjubъve Io. 15. 10. na nebese Matth. 6. 20; 28. 18. Luc. 11. 2; 15. 10. Io. 3. 13. vъ očese Luc. 6. 41 zweimal. 6. 42. slovese Marc. 10. 22. têlese Luc. 12. 25. na žrêbęte Io. 12. 14 neben imeni Luc. 9. 38. kameni Luc. 19. 44. têlesi. Man füge hinzu krъvi im jüngeren Theile.

b. Cloz.

Vъ nebese 44. na žrêbęte 37.

c. Assem.

Dьne. kamene neben dьni. kameni. nebesi. očesi. otročęti. vrêmeni. žrêbęti.

d. Mariencodex.

Na nebese Sreznevskij, Glag. 106.

e. Glag.-Sin.

Svętêj katholikii crkve 253.

f. Sav.

Kamene 12. nebese 2. očese 11. otročęte 135. na dlъzê vrêmene 51 neben kameni 28. žrêbęti 74.

g. Sup.

Žrêbęte 240. 17.

II. a. Aus Sreznevskij, Jus.

Kamene. nebese. otročęte. zrêbęte 18 a. 179 a.

b. Pat.-mih.

Vidê na dlьve napisano 145 b. ne doidetь vь slovese 65 neben slovesi 62.

III. a. Mladên.

Na kamene golьgothinê 102.

b. Auth.

Vrьtorь iskopanь vь kamene.

V. a. Ostrom.

Kamene. otročęte. žrêbęte neben kameni. koreni. plameni. vrêmeni. otročęti.

b. Greg.-Naz.

Slovese. têlese neben dêlesi.

Der letzte Rest des Sing. loc. auf e ist nsl. dne, in den Freisinger Denkmälern dine. Vergl. Grammatik III. Seite 187. dne serb. 249. čech. 396. pol. dnie 478. oserb. nserb. dńo 525. 558 von dьn, dьnь. Vielleicht gehört hieher auch desęte in dva na desęte u. s. w. von dem zwischen Masc. und Fem. schwankenden desętь. Vergl. Grammatik III. Seite 50.

VII. Pronominale Declination von tuždь.

Dass tuždь ἀλλότριος alienus meist pronominal declinirt wird, glaube ich schon vor zwanzig Jahren nachgewiesen zu haben: da aber diess ignorirt oder bezweifelt wird, so mögen hier die beweisenden Stellen stehen: štjuždego. tuždemь Zogr. tuždej Cloz I. 361. 362. 363. 367. po tuždemъ ne idątъ Assem. Svrl. tuždemu Sup. 266. 2. štuždej Sup. 269. 24; 313. 10, 11. tuždemь Sav.-Kn. 49. tuždemu Pat.-mih. 124. tuždej 59. tuždemu Bon. štuždemь Ostrom. 35. 111. štužego Ippol. tuždego Io. 10. 5 - Nic. tuždemь Luc. 16. 12 - Nic. Io. 10. 5 - Nic. tuždego, tuždemь Hval. 245. tuždego, tuždemь Buc. tuždemь Pat.-mih. Šiš. 70. 108. čuždemь Ev.-Šiš. vь zemi tuždej Ephr.-Syr. 405. čjužego Krmč.-mih. Daneben allerdings auch tuždaago Assem. Šiš. 218. štužda Sing. gen. Sup. 1. 28. štuždu Sing. dat. 139. 28. štuždij Sing. nom. 265. 29. štuždiihъ 324. 17. tuždago Svrl. štuždiihъ Ostrom. Es darf demnach die pronominale Declination von tuždь nicht als eine Verirrung bezeichnet werden.

Zusätze.

Zu Seite 13, Zeile 17—19. pobêždъša 748. pobêždъšaago 602. obêšьsęję 685. ukrašej 412. plênьšimъ 347. ispuštъšago 182. tvorьšago 306.

Zu Seite 17 nach Zeile 8. Evang.-tur. ostavlь. pristąplь. sьtvorь. truždь sę. vrêždь. Kein ivъ. Turovskoe evangelie odinnadcatago vêka. S. Peterburgъ. 1868. Facsimile.

Zu Seite 18, Zeile 31. Die pol. Partic. praes. act. nadidǫ. wstanó 3. Seite 493. 4. Seite 821 entsprechen den čech. Partic. jda. vstana, asl. idę. vъstanę, lauteten demnach vielleicht nadidzę. wstanję. Vgl. Wł. Nehring, Iter florianense Seite 30. 31. Archiv für slavische Philologie 1. Seite 80. 81.

Zu Seite 28, Zeile 12. Ob isъšetь hieher gehört, ist mir zuletzt trotz des ἐξηράνθη zweifelhaft geworden: es kann die III. Sing. praes. von isъhati, wofür häufiger isyhati steht, nach V. 2. sein. Der Sinn ist nicht dagegen; die lat. Vulgata hat arescet.